Geschichten und Gedichte
aus der Oberpfalz

Verzauberte Steine

Ruth Würner

Jeder Stein verbirgt ein Geheimnis
du musst es nur sehen
und sein Zauber wird dich beglücken

Inhalt:

Tanzende Schneeflocken

Der Wind wirbelt Schneeflocken
sie tanzen lustig und munter
ein wunderschönes Schneeflockentreiben
kommt vom Himmel herunter!

Die Flocken werden immer stärker
für sie ist das alles ein Spiel
sie decken zu die dunkle Erde
weiß soll sie werden, das ist ihr Ziel!

Warm eingepackt geh' ich den Weg
schon oft bin ich den gegangen
der Schnee verweht nun alle Spuren
fast wär' ich nicht weitergekommen!

Märchenhaft sehen aus Büsche und Bäume
die kleinsten kann man nicht sehen
eine weiße Schneeschicht zaubert Mützen
welche diese vor Kälte schützen!

Ich wend' mein Gesicht den Flocken zu
blinzelnd zergeht der Flocken Pracht
neben mir tanzen sie immer weiter
heut hat der Winter seine Macht!

Durch die Wolken drängt sich die Sonne
die Schneeflocken tanzen wunderschön
doch die Sonnenstrahlen werden stärker
bald wird die weiße Schönheit vergeh'n!

Ein Hund findet immer heim

Es war an einem wunderschönen Wintertag. Es war kalt, sehr kalt, der Himmel war blau und die Bäume im Wald waren überzuckert von einer Raureifschicht. Wenn die Sonne schräg durch die Bäume schien, hatte sie besondere Strahlen. Der Großvater war mit dem zwölfjährigen Bertl auf einem Waldweg unterwegs. Der Schnee knirschte unter ihren Schuhen, doch beide froren nicht, sie waren warm eingepackt. Bertl wollte gerade einen Schneeball werfen, doch der Schnee zerbröselte in seinen Händen. „Musst warten, Bertl, bis es wieder Neuschnee gibt, dieser ist zu hart." „Dann eben nicht", meinte der Bertl. „Ich hab' aber Langeweile." „Schau dir den schönen Winterwald an und die Sonne, wie sie sich durch die Zweige drängt. Ist das nicht einmalig?" „Doch Großvater, das ist sogar sehr schön, die Sonne schaut aus wie ein riesengroßer Stern. Weißt noch etwas Schönes, sonst wird mir kalt." „Aber Bertl, es ist doch nicht kalt, man muss sich nur fest bewegen. Komm, wir gehen in den Wald hinein, ich zeig dir die Spuren der Tiere." Einmal war es die Spur eines Rehs, dann die eines Hasen -und sogar Tritte eines größeren Vogels waren zu sehen. Da meinte der Großvater: „Das ist die Spur von einem Hund, der findet immer wieder nach Hause." „Hunde", meinte der Bertl, „dürfen doch nicht allein im Wald herumlaufen." „Nein, das dürfen sie nicht", sagte der Großvater. „Doch der Förster weiß, was sein Hund macht, und ein solcher darf das." „Weißt was, Großvater, das mit den Spurenlesen ist schön, doch wenn ich einmal Pilot bin, brauch' ich das nicht." „Und du willst fortgehen von unserem schönen Wald, Bertl?" „Ich hab doch auch Urlaub, dann geh ich mit dir in den Wald!" Im nächsten Winter wollte der Bertl Lockführer werden und im übernächsten Kapitän. „Träum nur, Bertl", meinte der Großvater immer. „Einmal weißt du schon, was du wirklich willst."

Eines Tages fuhr der Vater mit dem Bertl in die Stadt, und kurz vor der Tankstelle blieb das Auto stehen. Das Auto gab keinen

Mucks mehr von sich, also gingen die beiden zu Fuß zur Tankstelle. Daneben war eine kleine Werkstatt, und der Geselle schleppte das Auto dort hin. „Was meinst?", fragte der Vater. „Ist es was Großes?" Der Meister kam und meinte: „Lass das nur den Christian machen, der findet fast alle Fehler." Bertl stand neben dem Christian und sah interessiert zu. Dieser lockerte Schrauben, sah nach diesem und jenem und sagte: „Ich fahr' euch heim und bring' das Auto übermorgen, wir müssen ein Teil bestellen." Als Bertl zu Hause auf der Eckbank neben dem Großvater saß, schaute er ihn verschmitzt an und meinte: „Jetzt weiß ich, was ich werden will: Automechaniker!"

Bertl fing im Herbst in der kleinen Werkstatt an, der Meister brauchte gerade einen Lehrbuben. In Christian hatte Bertl einen guten Freund gefunden, er lernte viel von ihm. Wenn Bertl nach Hause kam, erzählte er ununterbrochen. Der Großvater lachte, war ihm doch sein Bertl geblieben. Wenn er daran dachte, was er alles werden wollte, war er zufrieden. In der Berufsschule lernte Bertl andere Burschen kennen, welche nicht alle Gutes im Sinn hatten. Lange ging Bertl nicht mit, doch dann ließ er sich doch überreden. Christian hörte davon und warnte Bertl, nicht alles mitzumachen, es sei nicht gut für ihn. Das half gerade zwei Wochen lang, und dann war Bertl wieder dabei, Streiche mit den Freunden zu machen. Es waren Gott sei Dank keine Sachen, welche verboten waren. Doch allen war langweilig und sie wollten etwas erleben.

Es war Winter geworden, und einer von den Burschen wohnte im Nachbarort. Er schlug vor, am Sonntag eine Waldwanderung zu machen, er kenne einen großen Felsen. „Oben", meinte er, „hat man eine prima Aussicht." Bertl sagte es seinen Eltern und wollte unbedingt mitgehen. Nach langem Hin und Her erlaubten sie dem Bertl das Wandern. Der Großvater sagte zu Bertl: „Pass gut auf, es ist ja Winter, und komm' gut wieder heim." Einer von der Clique hatte schon ein Auto und holte Bertl ab. Was wurde das für ein Spaß mit Gelächter und Schneeballwerfen. Als sie den Felsen erreichten, konnten es alle nicht erwarten, ganz oben zu sein. Bertl kletterte schon das zweite Mal hinauf und jauchzte, als er oben war. Die schöne Aussicht war einmalig. Er sah tief verschneite Tannenwipfel, soweit sein Auge reichte. Wieder unten angekommen hatten alle Hunger und Durst. Aus ihren Rucksäcken zauberten sie Berge von Essen. Jeder probierte etwas vom anderen, es war eine Gaudi. Da fing es zu schneien an, erst leise, und dann kamen so große Flocken, dass einer den anderen fast nicht mehr sehen konnte.

Tommy, der Älteste, schlug vor, durch den Wald zu gehen - er kenne da eine Abkürzung. Es wurde immer finsterer, doch im Wald blieben sie ein wenig vom Schneetreiben verschont. Sie waren schon eine Stunde gegangen, als sie zu einem Berg umgesägter Bäume kamen. Sie waren im Kreis gelaufen, es war kein Weg weit und breit. Sonst waren sie alle laut und lustig, doch jetzt waren sie still. „Was machen wir nun?", meinte Tommy. „Es wird bald dunkel, dann erkennt man überhaupt nichts mehr." Einige lästerten über Tommy und sagten: „Und das nennst du auskennen." Bertl hatte seine Taschenlampe aus dem Rucksack geholt, ging einige Schritte umher und leuchtete den Waldboden ab. „Willst uns wohl heimleuchten?", fragte einer ein wenig spöttisch. Bertl gab ihm keine Antwort und suchte weiter den Waldboden ab. Da sah er es: die Spur eines Hundes. Was hatte doch der Großvater gesagt? Ein Hund findet immer wieder heim. „Kommt", meinte Bertl zu seinen Freunden. „Geht mir alle nach, ich weiß den richtigen Weg." Zögernd gingen sie Bertl nach und so mancher glaubte ihm nicht. Es ging quer durch den Wald, über Stock und Stein, und Bertl wurde immer schneller. Den Freunden blieb nichts anderes übrig, als ihm einfach zu folgen. Da war der Wald zu Ende und hinter einer freien Fläche leuchtete das Licht eines Hauses. Dort angekommen schlug ein Hund an und der Besitzer kam aus der Haustür. Bertl ging auf den Hund zu, streichelte ihn und sagte: „Der Hund war unser Retter." In der warmen Stube erzählte Bertl vom Großvater und der Spurensuche vor Jahren. Vor Bertl Füßen lag der Hund und ließ ihn nicht aus den Augen - als ob er jedes Wort von Bertl verstand. Bertl streichelte den Hund immer und immer wieder und sagte zu ihm: „Musst meinen Großvater kennen lernen, der hat mir gesagt, dass ein Hund immer wieder nach Hause findet!"

Der heiße Führerschein

Es war an einem kalten Februartag. Schneewände türmten sich an den Straßen, doch die Wege waren frei. In einer kurvenreichen Straße, welche von einem kleinen Bergerl in die Stadt führte, fuhren zwei Burschen mit den Fahrrädern wild bergab. Sie schauten nicht nach links in das kleine Wäldchen, wo die Bäume mit Raureif bedeckt waren und wunderschön aussahen. Auch sahen sie nicht die kleinen Mulden auf der Straße, in denen sich gefrorenes Wasser spiegelte. Die beiden hatten nur eines im Sinn - wer wohl der erste am Stadtrand war? Kurz vor dem Ziel krachte es und der Hugo lag auf dem Boden. Flori war ein wenig schneller gewesen und kam zu seinem Freund zurück. Hugo rappelte sich auf, klopfte seinen Anorak sauber und lachte den Flori an. „Hast dir wehgetan?", fragte Flori den Hugo. Dieser schüttelte nur den Kopf und meinte: „Das bisserl Hinfallen hält mein Kopf schon aus. Aber wart' nur, in vier Jahren bin ich achtzehn, dann hab' ich den Führerschein und ein Auto. Und mit vier Rädern fahr ich leicht das Bergerl hinunter. Da sitz' ich warm in meinen Polstern und lach' über den heutigen Tag." Der Flori sagte: „Da musst du aber mächtig sparen, dazu reicht dir dein Lehrbuben-Geld nicht!" „Ich schaff das schon", meinte Hugo. „Ich hab ja noch ein paar Mal Geburtstag und ich wünsch' mir eben immer Geld. Und weil ich am Rosenmontag geboren bin, will ich bis dorthin den Führerschein besitzen." „Ja, so ein Faschingsnarr wie du wird es gewiss schaffen."

Es vergingen vier Jahre. Flori, der ein halbes Jahr älter war als der Hugo, arbeitete in einer Metallfabrik. Er hatte schon den Führerschein und auch ein kleines Auto. So brauchte er die dreißig Kilometer nicht mehr alle Tage bei Fremden mitfahren. Hugo lernte am Ort Brauer und legte sparsam jeden Pfennig beiseite. Jedes Wochenende verbrachten die beiden Freunde zusammen. Da sagte Hugo eines Tages zum Flori: „Ich hab' mich zur Führerscheinprüfung angemeldet, drück' mir die Daumen. Bis zu meinem Geburtstag muss ich den Schein haben." Flori lachte und meinte: „Ich drück dir auch die Zehen, wenn ich sie nicht gerade zum Laufen brauch'." Nun saß der Hugo mit ein paar anderen in der Fahrschule und sie verstanden sich alle sehr gut. Da gab es aber noch die Leni, sie spukte dem Hugo vom ersten Tag an im Kopf herum, weshalb dieser oft unaufmerksam war. Er kannte alle Fragen, war auch schon mit dem Auto vom Flori gefahren, aber immer wenn er vor sich die Locken der Leni sah, dann war es aus mit dem Wissen. Da kam der Tag der schriftlichen Prüfung. Hugo hatte alle Antworten angekreuzt. Doch Leni saß an dem Tag neben Hugo und man merkte, wie nervös sie war. Sie zitterte, ihr war heiß, und es fehlten noch drei Antworten auf ihrem Fragebogen. Der Fahrlehrer sammelte die Fragebögen ein und kam auf Leni zu. „Was soll das Leni, du weißt doch sonst alles? Ich frag dich und du antwortest." Leni beantwortete alles richtig. „Na geht doch", sagte der Fahrlehrer, kreuzte die Antwort an und bemerkte ganz unten am Rand ein kleines Herzchen. Dann ging er zur Auswertung. Nach einer bangen Viertelstunde kam er wieder, lachte die Fahrschüler an und sagte: „Alle haben die schriftliche Prüfung bestanden, nun schaut, dass ihr nach Hause kommt. Wenn der Prüfer kommt, weht ein anderer Wind, da könnt ihr zeigen, was ihr gelernt habt.

Alle anderen hatten die Prüfung schon hinter sich, als der große Tag für Hugo und Leni kam. Beide waren am Faschingsdienstag zur Fahrschule bestellt. Es war zwar ein ungewöhnlicher Tag, doch dem Prüfer war das wohl egal. Hugo stand schon um vier Uhr auf. Seine Mutter drängte ihn dazu, eine Tasse Kaffee zu trinken. Dann ging er viel zu früh los. Es war noch eine Stunde Zeit, Hugo fror zum Steinerweichen. Da kam ein Auto und hielt an. Flori kurbelte das Fenster herunter und sagte: „Hab' dich gestern ein paar Mal angerufen, du hattest doch Geburtstag."
„Hab' noch keinen Führerschein, dann hab' ich auch keinen Geburtstag", antwortete Hugo. Flori lachte und sagte: „Ausgerechnet heute musst du die Prüfung machen, na dann servus, das wird schon werden, wir feiern nach!" Da kam Leni,

die Hände tief in den Taschen, und nickte Hugo zu. Dieser sagte nur „Morgen", mehr konnte er nicht sagen, sein Mund war wie versperrt. Hugos Hände waren blau wie Veilchen, doch innen war ihm heiß. Da kam der Fahrlehrer endlich mit einem Mann. Der Fahrlehrer stellte Hugo und Leni dem Prüfer vor, und der gab ihnen die Hände. „Au weh", dachte Hugo, „so wie der ausschaut, lässt er uns beide durchfallen." Er war fast zwei Meter groß, klapperdürr, und sah die beiden durch seine Nickelbrille ernst an. Dann wechselte er mit dem Fahrlehrer ein paar Worte und sagte dann zu Hugo: „Ich nehme zuerst den Eiszapfen dran, damit ihm warm wird!" Der Prüfer setzte sich mit Leni auf die Rückbank und Hugo nahm neben dem Fahrlehrer Platz. Es war angenehm warm im Auto, doch Hugo war, als sitze er in der Hölle.

Der Prüfer jagte ihn durch die ganze Stadt. Zuletzt kamen sie zu einer Ampel, die gerade umschaltete, doch Hugo hielt rechtzeitig an. Dann meinte der Prüfer: „Nun fahren sie nach links zu dem Parkplatz und dort in eine Parklücke. Hugo leistete Zentimeterarbeit und hörte den Prüfer sagen: „Herzlichen Glückwunsch, sie haben bestanden. Nun kommt die Dame nach vorne." Hugo saß auf der Rückbank und sein Herz klopfte heftig, als der Prüfer zu Leni sagte: „Fahren sie aus der Parklücke heraus und in eine andere hinein." Leni schaffte alles ausgezeichnet, und der Prüfer sagte: „Danach fahren sie in Richtung Marktplatz, die Bahnhofstraße hinunter und zur Fahrschule." Hugo saß auf den Rücksitz und stand eine Höllenangst aus, bis das Auto an der Fahrschule hielt. Der Prüfer lachte und sagte zu Leni: „Sie haben auch den Führerschein bestanden." Da sprang der Hugo aus dem Auto, zog die Leni an sich und busselte sie ab. „Da hat heute wohl ein Liebespaar den Führerschein gemacht!", bemerkte der Prüfer. Da sagte der Fahrlehrer: „Ein Liebespaar schon, aber erst seit heute. Bin ich froh, dass die beiden bestanden haben. Sie hätten sonst ihre Sehnsucht begraben müssen. So können die beiden heute den Fasching begraben und all ihre lange Wartezeit aufeinander. Das werden die beiden ihr Leben lang nie vergessen!"

Erste Düfte

Vor Wochen lag noch überall Schnee
nun dürre Äste und braunes Laub
ein Wagen fährt auf einem schmalen Weg
und hinterlässt Wolken von Staub!

Die Wege im Wald sind weich wie Lehm
meine Schuhe zeichnen Spuren
doch dringt ein Duft vom geschlagenen Holz
der Winter ist vorbei, er hat verloren!

Ich gehe tiefer in den Wald
da werden Düfte immer stärker
Sonne dringt zu den nassen Bäumen
und dieser Duft lässt mich was ahnen!

Am Waldrand ist schon trockenes Moos
Gräser mit Tautropfen dicht daneben
durch das dunkle alte Moos
erzwingt sich neues Leben!

Die Sonne ist es, mit zarten Strahlen
entlockt der Natur ungeahntes Leben
mit ihrer Wärme, ihrer Kraft
hat sie wieder neues Leben geschafft!

Ich schau zum Himmel, atme die Düfte
über den Baumwipfeln, laue Lüfte
nun geh ich diesem Licht entgegen
ich weiß von Oben kommt der Segen!

Die verflixte Autonummer

Der Gidi ging den Weg hinunter und pfiff ein Liedl nach dem anderen. Hinter ihm lag sein Dorf, wo er aufgewachsen war. Gidi war der Zweitälteste von sieben Geschwistern. Schorsch war der Hoferbe, und drei hatten schon den Hof verlassen. Gidi war Mitte Dreißig, doch er dachte nicht im Traum daran, eine Familie zu gründen. Er machte jeden Tag die Stallarbeit und was halt noch so alles anfiel. Er verstand sich gut mit der Frau vom Schorschl und lebte deshalb vergnügt in den Tag hinein. „Kannst dir Zeit lassen", sagte Gretl immer zu ihm. „Du weißt, wir können dich gut gebrauchen." Die Worte taten dem Gidi gut und so verging Tag um Tag.

Als er so langsam den Weg hinunterging, sah er überall die Wiesen und Felder, die zum Hof gehörten. Eine leichte Schneeschicht lag über der ganzen Natur und neben dem Weg waren Schneehaufen. Da stieß der Gidi mit dem Fuß gegen den Schnee und sagte: „Ich kann dich nimmer seh'n, geh' endlich weg, wir haben doch schon Fasching, da brauchen wir dich nicht mehr. Das ganze Getreide haben wir im Winter gedroschen, da will ich endlich wieder frische Scholle unter den Füßen haben!" Gidi wohnte in dem einzigen Hof, wo im Herbst noch Kornmandl aufgestellt wurden. Das war der Brauch, und daran hielten alle im Hof fest.

Da hielt ein Auto neben dem Gidi und ein Fenster wurde heruntergekurbelt. Flori, der Nachbarssohn, lachte und sagte: „Ja wo willst denn du hin so mitten am Tag?" „In die Stadt will ich", sagte der Gidi. „Uns geht so manches ab." „Und da läufst du zu Fuß und mit dem Rucksack auf dem Buckel? Komm, steig ein." „Ich hätt' ja selber fahren können, doch ich will im Winter nicht einrosten", sagte Gidi und stieg in den Wagen. „Musst halt öfters tanzen gehen, dann hast du Bewegung genug. Wir haben doch Fasching, da musst du dich dazutun. Übernächste Woche ist das

Tanzen vorbei!" „Weißt du, wo am Samstag was los ist, Flori?" „Wissen tät ich schon was Schönes", sagte dieser. „Doch das ist weit weg. Wir müssten dreißig Kilometer fahren, aber dort ist immer eine Gaudi." „Wenn du es sagst, Flori, dann bin ich dabei, ich fahr aber selbst." „Nimmst den Michael und den Tobias auch mit? Weißt, wir fahren oft zusammen. Wir könnten uns auch das Benzingeld teilen", meinte der Flori. „Um das bisserl Benzingeld geht es mir nicht, Hauptsache es wird lustig", antwortete Gidi. „Also abgemacht, bis zum Samstag!"

Der Gidi hatte seinen schönsten Janker an, stand in der Mitte des Dorfes und wartete auf die drei anderen. Beinahe gleichzeitig kamen sie, waren sie doch froh, einen Fahrer zu haben, der nicht viel trank. Gidi hatte die allerbeste Laune und steckte die drei dabei an. Die Fahrt verging wie im Flug, bis der Gidi auf einem riesig großen Parkplatz hielt. Er fuhr in eine Parklücke und sagte lachend: „Das hab ich wieder einmal schön hingekriegt." Der Saal war brechend voll, doch dank Floris fester Ellenbogen bekamen sie einen Tisch. Die Kellnerin brachte den vier Burschen ein Bier. Gidi hob lachend sein Glas und sagte: „Prost miteinander, das ist heut für mich das erste und das letzte, danach gibt es bloß noch Wasser." Flori, Tobias und Michael sahen Gidi dankbar an, konnten sie doch trinken, was sie wollten!

Die Musik spielte auf und alle vier Burschen verließen den Tisch. Dreimal hatte der Gidi schon das gleiche Mädchen geholt. Bis diese zu ihm sagte: „Kannst nicht einmal auf etwas anderes als auf meine Füße steigen?" Da war der Gidi beleidigt und blieb eine Zeitlang sitzen. Weil der Gidi aber eine Frohnatur war, vergaß er das Mädchen gleich wieder und lachte mit den anderen. Dann folgte eine Pause und jeder hatte schon einen Witz zum Besten gegeben. Da sagte Flori zum Gidi: „Und du weißt wohl nichts Lustiges?" „Ich weiß schon was", entgegnete der Gidi. „Wie ihr wisst, bin ich etwas älter als ihr und bin im Zweiten Weltkrieg eingezogen worden. Mein Kämpfen an der französischen Front dauerte nicht lange und ich kam in Gefangenschaft. Als die Franzosen mich nach dem Beruf fragten und ich sagte, dass ich Bauer sei, war der Krieg für mich vorbei.

Nach ein paar Tagen kam ich auf einen Bauernhof und machte das gleiche wie zu Hause, das war lustig. Nur eine Nummer auf meinem Hemd unterschied mich von den anderen." „Und Mädchen, Gidi? Französinnen - hast du da welche kennengelernt?" „Aber was denkt ihr denn von mir? Wenn ich da erwischt worden wär', das wäre mein Ende gewesen." „Nicht einmal ein ganz kleines Busserl, so im Dunkeln in der Scheune?", fragte der Michael zaghaft. „Nein", sagte der Gidi, „und noch einmal nein, mein Bauer konnte sich auf mich verlassen. Ich hatte es auf dem Bauernhof gut. Und als der Krieg aus war, wollte mich mein Bauer nicht gehen lassen." „Ist schon gut", sagte der Flori zum Gidi. „Bist was Besonderes!"

An diesem Abend passiert noch alles mögliche. Ein paar Burschen rauften, andere fingen laut zu singen an, und der Gidi fand ein Mädchen, welchem sein Tanzstil passte. Aufgekratzt kam er jedes Mal zum Tisch zurück. Wieder und wieder war der Gidi mit dem Mädchen auf der Tanzfläche und sie gefiel ihm immer besser. Da sagte die Nani zum Gidi: „Ich muss jetzt heim. Weißt, wir haben zu Haus' einen Bauernhof, ich bin das einzige Kind und meine Kühe fragen morgen nicht, ob ich ausgeschlafen hab' oder nicht." Gidi packte die Nani an der Taille und hob sie hoch: „Darf ich dich einmal besuchen? wir haben auch einen Bauernhof. Auch meine Kühe wollen morgen früh gemolken werden." Da lachte die Nani den Gidi an und sagte: „Komm Morgen zu uns, du gefällst mir." Mit glänzenden Augen ging der Gidi an den Tisch zurück.

Laut sagte er zu den drei anderen: „Ich mag nicht mehr tanzen, kann auch kein Wasser mehr seh'n, wir fahren heim." Auf den kleinen Protest achtete der Gidi nicht, zahlte und ging aus dem Saal. Was blieb dem Flori, dem Tobias und dem Michael übrig? Schweren Herzens gingen sie dem Gidi nach. Draußen war es stockdunkel, vom Mond war nicht ein Fetzerl zu sehen. Lampen beleuchteten spärlich den großen Parkplatz. Gidi ging auf die Ecke zu, wo er sein Auto vermutete. Michael stolperte über die eigenen Füße, der hatte noch nie viel vertragen können. Flori ging an Gidis Seite, und zu zweit suchten sie das Auto. Da sagte der

Tobias: „Schaut doch auf das Nummernschild, das ist etwas heller, da habt ihr das Auto gleich." „Und welche Nummer hat dein Auto?", fragte der Flori den Gidi. „Die Nummer weiß ich nicht, das Auto ist schwarz und steht immer vor unserem Hof." Da schlug sich der Tobias auf die Schenkel und lachte so laut, wie er konnte: „Da können wir bis morgen suchen, bis es hell wird."

Doch dann kam ein Pärchen und die beiden stiegen verträumt in ihr Auto ein. Der Bursch schaltete den Scheinwerfer ein und busselte sein Mädchen ab. Da rief der Gidi: „Busselt ruhig noch ein bisserl, gleich hab ich mein Auto." Er ging geradewegs auf ein schwarzes Auto zu, steckte den Schlüssel hinein und sperrte die Tür auf. Der Flori, der Michael und der Tobias hätten sich beinahe umgerannt, so schnell saßen sie im Auto. „So", sagte der Gidi glücklich, „jetzt fahren wir heim. Doch schon heut Nachmittag fahr' ich zur Nani." Da meinte Flori zum Gidi: „Schön für dich, dass du endlich eine gefunden hast, die zu dir passt. Aber wenn ihr eine Autofahrt macht, dann bring ihr bei, wie deine Autonummer lautet, nicht dass ihr gleich das erste Mal dort übernachten müsst."

Nebel

Alles dunkel, um mich Nebelschwaden
schemenhaft durch mein kleines Licht
Bäume sehen aus wie Gestalten
ein vertrauter Weg, doch heut kenn ich ihn nicht!

Nebel ist ein großer Zauberer
meine Gedanken malen manches Bild
hab ich mich verirrt auf meinem Weg
meine Schuhe tasten über Wurzel und Steg!

Ein kleines Licht blitzt einen Augenblick
Nebel eilt noch mehr um mich her
doch ganz schnell ist das Licht verschwunden
nur dunkle Nacht um mich her!

Fest halt ich mein Licht in der Hand
Weitergehen mein Gedanke, weg von dem Ort
ich ertaste eine Mauer
und plötzlich ist der Nebel fort!

Der Mond leuchtet, er ist mein Retter
ihn hielt nur eine Wolkenwand gefangen
nun seh' ich klar den vertrauten Weg
gut, dass ich bin weitergegangen!

Wenn auch oft Nebel um uns ist
niemals darf man verzagen
nie umsehen, einfach weitergehen
dann wird man belohnt durch unser Wagen!

Die Mutprobe

Es war ein paar Tage vor Palmsonntag. Nach dem langen harten Winter atmete die ganze Natur auf. Es gab Schnee in Massen, doch dann setzte endlich Regen ein, so lange bis kein Fetzerl Schnee mehr zu sehen war. Die Sonne tat das übrige dazu und es wurde angenehm warm. Auf den Feldern roch es nach frischer Scholle und die Wiesen zeigten sich in sattem Grün. Alle freuten sich auf Ostern, es versprach sonnig zu werden.

In einem kleinen Dorf in der Oberpfalz war jeder am Rackern. Ostern war dort immer ein besonderes großes Fest, an dem alle teilnahmen. Beim Stadler-Bauern in der Scheune ging es nach Feierabend lustig zu. Der Felix, der Sohn des Bauern, hatte seinen Vater breitgeschlagen, ihm und seinen Freunden das hintere Stück der Scheune zu überlassen. Die Burschen waren dabei, eine Band zu gründen. Erst wollte der Bauer nichts davon wissen, doch die Bäuerin überredete ihn. „Schau", meinte sie, „unser Felix ist fleißig und hat eine gute Stimme, lass ihn doch das bisserl Freizeit. Dann schmeckt auch die Arbeit viel besser."

Da waren der Willi, der Karl, der Vinz und der Chris. Jeder spielte ein Instrument und sie machten ihre Sache gut. Nun saßen sie müde auf den Strohballen und erzählten sich Witze. Da ging die Tür auf und ein etwas jüngerer Bursch stand dort. Felix stand auf und fragte lachend: „Was willst du Zwerg bei uns?" „Mitspielen natürlich. Erstens bin ich kein Zwerg und nur zwei Jahre jünger als du, und zweitens kann ich Ziehharmonika spielen, und ich glaub ganz gut. Und drittens bin ich der Bruder vom Willi!" „So", meinte Felix, „bist jetzt fertig mit dem Aufzählen? Dann zeig doch mal, was du kannst." Benni nahm die Ziehharmonika und spielte darauf los. Felix musste sich setzten, er konnte nur noch staunen. Da hörte Benni abrupt auf, wartete und sah dabei alle an. Da stand der Stadler-Bauer unter der Scheunentür und klatschte, was das Zeug hielt. „Sappralot Benni, du bist ja ein Naturtalent! Bist der jüngste vom Ziegler, wenn mich nicht alles täuscht." „Darf ich nun mitspielen, Felix?", fragte Benni und lachte den Stadler-Bauern an. „Felix", sagte der Stadler-Bauer, „wenn ihr den Benni nicht mitspielen lasst, dann ist euch nicht zu helfen. Übrigens, ich wollte nur sagen, dass wir Palmzweige brauchen. Morgen ist Samstag und am Sonntag sollen sie doch geweiht werden!"

Am nächsten Tag waren sie schon zu sechst, als sie die Wiesenraine abgingen. Benni richtete es immer ein, neben Felix zu gehen, doch dieser wurde dann immer schneller und ging davon. Jeder der Burschen hatte einen schönen Buschen Palmzweige, als Felix vorschlug, zur Kleinen Teufelsküche zu gehen. Es war ein schmaler Pfad und sie gingen hintereinander. Benni blieb immer wieder stehen und sah zum Gröbersteich hinunter. Er liebte den Wald und besonders die Felsen. Da standen sie nun vor dem „Napoleonhut", wie es im Volksmund hieß. In den Büchern stand „Wackelstein", doch keiner nannte ihn so. Das Moos war noch feucht, doch dazwischen wuchs Preiselbeerkraut. Und auf einer freien Fläche wuchs Schneeheide. Benni gab Willi seine Palmzweige und sagte: „Ich will der Mutter einen Osterstrauß mitbringen, den mag sie so gern." In die Mitte legte er Schneeheide, außen herum kam Preiselbeerkraut. Jeder der Burschen musste zugeben, dass der Strauß schön war. Doch Felix konnte das im Leben nicht. Da sagte er: „Ich hab eine Idee, Benni. Du möchtest doch zu uns gehören?" „Ja, natürlich", antwortete dieser, „das wär mein Wunsch!" Da sagte Felix: „Dann musst du eine Mutprobe machen." Er zog sein weißes Taschentuch heraus, knotete es zusammen und legte es auf den untersten Stein des „Napoleonhuts". Dann saget er: „Wir haben doch bald Vollmond, also etwas Licht vom Himmel. Wenn es heute finster ist, musst du allein in den Wald gehen und mein Taschentuch holen. Dann gehörst du zu unserer Band." Bennis Bruder Willi wollte gerade nein sagen, doch Benni war schneller: „Ich hab keine Angst, ich geh' heute Nacht allein in den Wald!"

Die Palmbuschen waren gebunden und festlich geschmückt, der Sonntag konnte kommen. Bennis Mutter hatte sich riesig gefreut über den schönen Waldstrauß. Es war acht Uhr, als die Burschen den Waldrand erreichten. Da meinte Felix zu Benni: „Hast deine Taschenlampe, wir warten am Waldrand auf dich. Wenn du zurückkommst, hast du die Mutprobe bestanden und gehörst zu uns." Benni lachte dem Felix ins Gesicht: „Ich gehör' schon so zu euch!" Die fünf blieben am Waldrand stehen und Willi betete heimlich, dass der Benni heil zurückkommen würde. Benni betrat den Pfad und ging tapfer weiter. Doch nach einiger Zeit wurde ihm flau im Magen. Die Sichel des Mondes schickte ein wenig Licht durch die Bäume. Die Taschenlampe zeigte ihm den Weg, doch jedes trockene Ästchen knackte unter seinen Schuhen. Das Moos war feuchter als am Tag, aber Benni ging mutig weiter. Da kam Wind auf und die Bäume wiegten sich hin und her. Benni streifte einige Zweige, sie waren kalt, eiskalt. Plötzlich war sie da, die Angst. Benni biss die Zähne zusammen und ging weiter. Er wollte ein „Vater Unser" beten, aber er wusste den Text nicht mehr, so viel Angst hatte er. Da stand er plötzlich, der „Napoleonhut", groß und drohend. In Bennis Phantasie war er viel größer als am Tag. Er griff nach dem Taschentuch, drehte sich um und rannte, so schnell er konnte. Beinahe hätte er seine Taschenlampe verloren, als er der Länge nach hinfiel. Er rappelte sich auf und lief und lief. Da blitzten ihm fünf Taschenlampen entgegen. Benni war am Waldrand angelangt. Er fiel auf die Knie, keuchte und warf Felix das Taschentuch in die Hände. Wütend meinte er: „Ich pfeif auf eure Band, ich hatte solche Angst wie noch nie in meinem Leben." Als Felix sah, dass Benni fix und fertig war, bereute er, dass er so eine Mutprobe verlangt hatte. Er gab Benni die Hand und meinte: „Benni, sei unser Freund und spiel mit, du kannst etwas, ich will alles machen, was du willst." Benni hatte sich wieder gefangen und sagte: „Wann wollt ihr das erste Mal im Dorf vor allen Leuten spielen?" „Am Ostersonntag", antwortete Felix. „Gut, dass ich das auch erfahr', ich steh nämlich dann neben dir, Felix. Und sag' nie wieder Zwerg zu mir, ich stand gerade vor einem großen Felsen und bin heil wieder da! Und die nächste Mutprobe, die machst du, Felix. Ich denk' mir da schon was Schönes aus!"

Das Osterlicht

Wenn draußen die Natur erwacht
gibt den Pflanzen neues Leben
dann ist vorbei die Winternacht
nach dem Licht sie alle streben!

Drei Tage war es finster
das Kreuz hielt das Licht umfangen
nur ein Wunder musste kommen
erlösen von all unserm Bangen!

Dann kommt der Ostermorgen
auferstanden ist unser Licht
Ostern ist doch der Sieg des Lebens
über den Tod, fürchte dich nicht!

Draußen blühen die ersten Blumen
die Natur ist nun bereit
das Licht am Ostermorgen
erweckt alles in dieser Zeit!

Spürst du die warmen Strahlen
vom ewigen einzigen Licht
du musst nur vertrauensvoll glauben
auch die Nacht verlöscht es nicht!

Du musst dein Leben dem Osterlicht schenken
dann kommt auch ein Leuchten zu dir
keine Finsternis kann dich schrecken
der Glaube bringt das Licht zu dir her!

Die kleine Meise

Er arbeitete unermüdlich in seinem Garten, wischte sich ab und zu den Schweiß vom Gesicht, dann ging es wieder weiter. Es war Frühling, da gab es viel zu tun in einem Garten. Das ganze Winterlaub musste entfernt werden. Die Beete mussten hergerichtet werden, aus den dunklen harten Schollen musste durch Hacken und Graben feine Erde werden. Er war gerade am letzten Beet angelangt, als er all die anderen betrachtete. Noch vor einem Jahr folgte an dieser Stelle die Arbeit seiner Frau. Sie setzte Steckzwiebel, säte Petersilie und vieles mehr. Er machte sich dann immer an die Beete mit den Kartoffeln, jeder hatte seine Arbeit. Keiner sagte dem anderen „Das musst du tun", alles war voller Harmonie. Später, immer wenn sie müde auf dem Bankerl saßen, machten sie Pläne für den nächsten Tag.

Nun saß er alleine auf dem Bankerl und konnte keine Pläne mit seiner Anna mehr machen. Sie war im Winter ganz leise von ihm gegangen. Er wollte schon den Garten aufgeben, aber was sollte er dann den ganzen Tag machen, seit er in Rente war? Ein Wirtshausgeher war er auch nicht. Als die ersten Sonnenstrahlen kamen, nahm er das Bild seiner Anna zur Hand. „Soll ich in den Garten gehen, oder nicht? Sag es mir." Ihm war, als ob sie ihm zulächelte und sagte: „Geh, mach auch meine Arbeit." Am ersten Tag nach der Gartenarbeit war er müde und fiel zufrieden in sein Bett. Im Traum lobte ihn seine Anna und meinte: „Mach weiter!" Am nächsten Tag darauf ging ein Nachbar an ihm vorbei. „Na Hans", sagte dieser, „bist wieder einmal der erste von uns Schrebergärtnern, der seinen Garten bestellt hat." „Ja, ja", entgegnete Hans. „Es gibt viel zu tun, das Arbeiten macht mir Spaß und lenkt ab. Zu Hause bin ich dann viel zu müde, um groß nachzudenken." „Hast recht Hans, arbeite in deinem Garten. Und wenn du einmal reden möchtest, dann komm zu mir, für einen Plausch bin ich immer zu haben." „Ich werd daran denken", sagte Hans. „Wenn es mir einmal langweilig ist!"

Langeweile kannte Hans ganz und gar nicht. Der Winter hatte kleine Schäden hinterlassen und es gab mal da, mal dort etwas auszubessern. Wenn einmal ein Nagel nicht so wollte wie er, redete er ihm gut zu. Als er sich dann so reden hörte, meinte er zu sich selbst: „Nein, zum Eigenbrötler werd' ich nicht, das muss sich ändern." Von weitem hörte er Hammerschläge und ein Schimpfen und er ging zum Gartenzaun. Da stand die Gretl, eine Freundin seiner Frau, und versuchte, eine Zaunlatte zu befestigen. „Komm Gretl", sagte Hans, „gib mir den Hammer, nicht dass ich noch einen Finger verbinden muss." Als Gretl ihn anlachte und ihm dankbar den Hammer gab, lachte er das erste Mal wieder, seit er seine Anna nicht mehr hatte. „Gretl, weil ich schon dabei bin", meinte er, „was ist noch zu machen? Ich hab ein bisserl mehr Kraft als du." Als Hans die Arbeit beendet hatte, lud ihn Gretl auf ihr Bankerl ein. Doch Hans winkte ab und meinte: „Hab noch etwas zu tun!"

Es vergingen viele Wochen, aus dem Boden spitzte schon das erste Grün. Hans saß nach getaner Arbeit immer auf seinem Bankerl und rauchte gemütlich sein Pfeifferl. Er hörte die Vögel zwitschern, eines davon ganz nah bei ihm. Sein Blick fiel nach oben zum kleinen Kirschbäumchen, da sah er es. Mitten in einer Astgabel befand sich ein Nest und ein Meisenpärchen flog fleißig hin und her. Er stand leise auf und sah er fünf kleine Eier im Nest. Die kleine Meise schimpfte, als sie ihn sah. Er ging schnell wieder weg und sah, wie die andere Meise mit Futter kam. Am nächsten Tag kaufte er geschälte Sonnenblumenkerne und legte sie unter das Bäumchen. Ganz ruhig saß Hans auf seinem Bankerl und sah, wie seine Kerne angenommen wurden. Es verging einige Zeit, da hörte er ein leises Zwitschern: die Jungen waren geschlüpft. Kaum hatte Hans eine Handvoll Kerne hingelegt, war alles wieder weggeputzt. Nun kaufte Hans Haferflocken, und auch diese wurden dankbar angenommen. Die beiden Meiseneltern umkreisten Hans nun ganz ohne Furcht, er war ihr Freund geworden.

Wie schön es auf der Welt wäre, wenn es das Böse nicht gäbe, unter den Menschen und auch unter den Tieren. Hans war am

Abend zuvor zufrieden heimgegangen, alles gedieh und seine Meisenfamilie, so wie er sie nannte, war mit Futter versorgt. In aller Früh ging er wieder in den Garten. Er musste immer viele Kannen schleppen, so dass alles gut gedeihen konnte. Immer wenn Hans den Garten betrat, galt der erste Blick seiner Meisenfamilie, der zweite den Blumen und dem Gemüse. Es war still, ungewöhnlich still. Er ging hin zum Kirschbäumchen, wo er sonst immer von den Vogeleltern begrüßt wurde, doch es war still. Dann sah er es: Unten im Gras lagen vier tot gebissene Vogelkinder. In ihm war in diesem Moment alles starr, er konnte sich nicht bewegen. Nach und nach fing er sich, nahm eine Schaufel, ging an das andere Ende des Gartens und grub die Vögelchen unter einigen Gänseblümchen ein. Da umflogen ihn zwei Meisen, die anklagend piepsten, kurz darauf waren sie wieder fort. Er wollte sich auf sein Bankerl setzen, denn er konnte jetzt unmöglich gießen. Er wäre beinahe über ein dichtes Grasbüschel gestolpert, so nass waren seine Augen. Dann entdeckte er eine kleine Meise, die ganz verdeckt im Gras lag und ihn mit großen Vogelaugen ansah. Sie gab keinen Laut von sich, als Hans sich bückte und sie berührte. Das Vogelkind war warm und wie ein Wunder unversehrt. Er nahm das herab gefallene Nest, legte das Vögelchen hinein und gab es in einen Karton. Das Vögelchen kuschelte sich ins gewohnte Nest und schlief ein.

Hans war so aufgeregt - er freute sich, dass ein Vögelchen überlebt hatte. Aber was nun? Sein erster Gedanke war Gretl, eine Frau wusste immer Rat. Er vergewisserte sich, ob sie da war und ging zu ihrem Garten. „Gretl, ich brauch' deine Hilfe. Ich kann wohl Zäune befestigen, aber jetzt weiß ich nicht mehr weiter, komm bitte mit in meinen Garten." Auf dem Weg dahin erzählte er Gretl alles über seine Meisenfamilie. Nun standen die beiden in seinem Gartenhäuschen vor dem Karton, in dem das Meisenkind friedlich schlief. „Was soll ich machen, Gretl? Seine Eltern sind fort, was braucht so ein kleiner Vogel zum Überleben?" „Sperr dein Häusl ab, wir gehen in eine Vogelhandlung und fragen, dann machen wir nichts falsch", sagte Gretl. Dort bekamen sie Futter, eine kleine Pipette zum Füttern und jeden guten Rat, den sie brauchten. Nun war Gretl jeden Tag im Garten von Hans und übernahm Mutterpflichten. Anfangs war es nicht leicht, doch bald riss das Meisenkind immer den Schnabel auf, wenn es Gretl sah. Auch einen Vogelkäfig brachte Gretl bald mit, denn die kleine Meise machte Flugversuche. Hans und Gretl saßen im geschlossenen Gartenhäuschen, als sich die Meise das erste Mal erhob, über beider Köpfe flog und sich dann auf Gretls Schulter niederließ.

Es war Hochsommer geworden und die kleine Meise, die auf den Namen Hansi hörte, flog wieder einmal im Gartenhäuschen umher und pickte Kuchenkrümel von Gretls Sonntagskuchen. Zutraulich ließ sie sich von Hans und Gretl streicheln, saß aber immer auf der Fensterbank und schaute in den Garten. Da meinte Hans: „Wie war das damals mit deinem Franz, als er von dir ging?" „Es war schwer, sehr schwer, und ich werde ihn nie vergessen, doch meine Kinder haben mir geholfen, ihn loszulassen. Hans, du musst deine Anna auch loslassen - und doch nie vergessen." „Hast recht Gretl", meinte Hans, „wenn du mir dabei hilfst!" Sie sagte schlicht: „Ich helfe dir! Doch da gibt es noch eines. Den kleinen Hansi, den müssen wir auch loslassen, er ist ein kräftiger Vogel geworden, er beißt sich schon durch. Vielleicht braucht der Vogel einen Partner, der mit ihm eine Familie gründet. Wir beide sind nur seine Ersatzeltern." „Hast recht Gretl, ich hab auch schon oft daran gedacht. Er gehört in die Natur." Gretl nahm den kleinen Hansi in die Hand und flüsterte: „Flieg, kleine Meise, such' deine echten Eltern, oder besser such' dir einen Partner, das Leben da draußen ist so schön, du sollst es kennen lernen!" Hansi flog in die Luft, doch er war an das Häuschen gewöhnt. Alles war weit weg und so groß. Angstvoll kam er zurück und setzte sich auf Gretls Schulter. Da hörte er ein Gezwitscher aus den Bäumen, diesen Rufen konnte er nicht widerstehen. Er erhob sich in die Luft und flog hin zu dem Baum, woher die gleichen Laute kamen, die er selbst von sich gab. Gretl legte ihre Hand auf Hans' Arm und sagte: „Unser kleiner Hansi hat das Leben da draußen wieder gefunden. Wer weiß, ob wir beide eines Tages erkennen, was das Leben mit uns noch vorhat!"

Ein lieber Chaot

Lena Baumer öffnete das Fenster und sah auf die wunderschöne grüne Wiese hinab. Ganz nah am Haus lag eingezäunt ihr kleiner Garten. Es war Anfang Mai, für Lena die schönste Zeit des Jahres. An allen Bäumen und Büschen spitzte zartes Grün hervor. Schneeglöckchen und Krokusse waren verblüht und hatten lila Veilchen und Primeln Platz gemacht. Zu Lena strömte ein herrlicher Duft in das Zimmer. Sie ging aus dem Haus und auf einem Pfad den Hang hinauf, Tautropfen hingen an Grashalmen und Blumen. Da wuchs er, der heiß geliebte Löwenzahn. Von vielen Menschen wird er als Unkraut verachtet, doch für Lena war er der schönste Frühlingsbote. Es war noch ganz früh, doch die Sonne schien schon warm vom blauen Himmel herunter. In den Lüften war ein Gezwitscher und Lena liebte ihr Morgenkonzert.

Lena sah den Hang hinunter, dort stand ihr Bauernhof. Am Balkon standen schon die Blumenkästen bereit für die Geranien, welche bis zum Spätherbst den Hof schmücken würden. Seit Lena allein mit den beiden Kindern war, hatte sie Felder und Wiesen verpachtet. Sie hatte gute Nachbarn, und mit deren Hilfe ließ sie den obersten Stock zu Ferienwohnungen ausbauen. Zwei Familien fanden dort Platz und Lena hatte schon feste Gäste, welche immer wieder kamen. Es war viel Leben im Haus, es waren Wanderer dabei, die die schöne Gegend liebten. Am Samstag gab es immer ein gemeinsames Frühstück. Ihr Sohn Michael war sechzehn und ging in die Lehre, er wollte Automechaniker werden. Er half der Mutter bei allem auf dem Hof, das seine Hilfe erforderte. Er war ruhig, besonnen und sehr tüchtig. Da war auch noch Sabine, sie war vierzehn und ging noch zur Schule. Sie war ein Wirbelwind, wo sie sich aufhielt, war Leben im Haus. Sabines Schulfreund, der Bastian, war ebenso ein liebenswerter Chaot wie Sabine selbst. Beide liebten Country-Musik und oft ging es hoch her.

Lena betrat die Stube, wo Michael und Sabine schon am gedeckten Frühstückstisch saßen und warteten. Sabine rief ihr entgegen: „Haben dich deine Blumen nicht fortgelassen? Setz dich her, der Kaffee wird kalt!" Lena entgegnete: „Erst einmal einen schönen guten Morgen. Was soll heute alles geschehen?" „Heute Abend", meinte Michael, „ist ein Country-Fest bei Floß. Unser Geselle würde Sabine, Bastian und mich mit dem Auto mitnehmen." Sabine boxte auf den Bruder ein und meinte: „Du hast mir noch gar nichts davon gesagt!" „Aber jetzt weißt du es", sagte Michael. „Es wird dem Bastian und dir schon recht sein. Oder soll ich allein mitfahren?" Sabine sprang auf, wollte über Michael herfallen und sagte dazu: „Ohne Bastian und mich geht gar nichts!" Da ging plötzlich die Tür auf und Bastian kam herein. „Guten Morgen, hab' ich da gerade meinen Namen gehört?" „Ja", erwiderte Michael. „Ich fahr heute mit dem Sepp zu einem Country-Fest, ohne euch beide." Dazu lachte er und es folgte ein Gerangel, welches nicht ernst gemeint war. Lena sagte: „Setzt euch alle drei hin, der Kaffee wird kalt!" Am nächsten Tag drehte sich alles um das Country-Fest. Lena hatte in der Stube zu tun und hörte aus Sabines Zimmer immer Musik. Erst dachte sie: „Soll ich den beiden sagen, ein wenig leiser zu spielen?" Doch dann dachte sie an ihre Jugendzeit. Damals war Rock 'n' Roll ihre Lieblingsmusik und es wurde auch nicht anders getanzt. Da beschloss Lena, ins Dorf zu gehen und die beiden einfach ihre Musik weiterhören zu lassen. Sie kam auf dem Weg an dem Haus vorbei, wo Bastian mit seiner Mutter und den beiden Brüdern wohnte. Bastians Mutter stand vor der Tür und sagte zu Lena: „Haben wir zwei nicht chaotische Kinder? Die könnten glatt von ihrer Musik leben." „Das ist wahr", meinte Lena. „Doch bin ich froh, dass sie so sind. Sie hören ihre Musik und stellen nichts anderes an. Ich muss noch etwas besorgen, morgen kommen neue Feriengäste, da soll alles schön sein. Auf Wiedersehen, ein andermal haben wir mehr Zeit, um uns zu unterhalten!"
Am nächsten Tag kamen die Gäste, nette Familien. Nach der Begrüßung fuhren sie gleich mit dem Auto fort, es war ein so schöner Tag. Das wollten sie ausnützen und die Oberpfalz bewundern. Eine Woche war vergangen, es war Sonntagmorgen,

Muttertag. Lena kam wieder von ihrem Morgenspaziergang zurück und ging in die Stube. Der Tisch war geschmückt und in der Mitte thronte ein großer Kuchen, daneben lag ein Blumenstrauß. Mit lieben Augen gingen Michael und Sabine zur Mutter und wünschten ihr alles Gute und ein langes Leben. Lena drückte beide und meinte: „Ich hab euch zwei lieb, ihr seid die besten Kinder." Es wurde ein fröhliches Frühstück, Sabine half noch der Mutter dabei, das Mittagessen vorbereiten. Dann sagte Sabine: „Ich geh zu Bastian, komm' aber pünktlich zum Essen zurück." Bastian stand an der Haustür und wartete auf Sabine. Mit wütendem Blick klagte er: „Wir haben Besuch von einer Tante bekommen. Und die hat immer etwas an mir auszusetzen." „Komm doch zu uns, Bastian", meinte Sabine. „Da bist du immer gern gesehen." „Es ist doch heute Muttertag", erwiderte Bastian. „Und ich soll mit leeren Händen vor deiner Mutter stehen?" „Wer sagt denn, dass du mit leeren Händen kommen sollst! Pflück auf dem Weg zu uns hinauf einen Strauß Wiesenblumen, die mag meine Mutter am liebsten. Das kostet nichts, du brauchst dich nur zu bücken!"

Lena stand in der Stube, als die Tür geöffnet wurde. Da stand Sabine, neben ihr Bastian. Mit beiden Händen hielt er einen großen Strauß Wiesenblumen. Es waren alle Blumen dabei, die es zu dieser Zeit gab. Auch viel Gras war dabei, einige Blumen ließen die Köpfe hängen. Lena sah in Bastians Augen und verfolgte, wie dieser sonst so laute Chaot leise stotterte. Hätte Lena Bastian nicht schon lange gemocht - heute hätte er ihr Herz erobert. Sie wusste, dass hinter dem lauten Wesen ein guter Kern steckte. Lena nahm den Blumenstrauß und drückte ihn an sich. In ihrem Leben würde sie den Tag nie vergessen und Bastian immer lieb haben. Dann dachte Lena weiter. Sabine und Bastian waren vierzehn Jahre alt, was würde alles noch kommen im Leben für beide? Würden sie vielleicht beisammen bleiben oder andere Wege gehen? Das alles würde die Zukunft bringen. Doch egal, was auch immer geschah, sie würde Bastian immer mögen und nie den Tag vergessen, als er vor ihr stand mit seinem liebevoll gepflückten Blumenstrauß!

Der Mond

Äcker und Wiesen sind bestellt
ein duftendes Heu in die Scheune gebracht
Menschen sind vom Tagwerk müde
es dämmert, leise kommt die Nacht!

Am Ufer geht die Sonne unter
glutrot golden über Wasser und Land
dann ist ganz plötzlich eine Stille
nur Wellen schlagen bis zum Sand!

Der Mond ist nun am Himmel der Herr
er leuchtet über Wald und Flur
andere Tiere nun erwachen
denn die Finsternis ist ihr Revier!

Umgeben von Millionen Sternen
für sie ist er der Größte der Nacht
wir Menschen träumen von unendlichen Fernen
vom nächtlichen Zauber, von dieser Pracht!

An einem Fenster steht ein Mädchen
schaut in die Nacht zum Mond hinauf
sie schickt Wünsche, sie schickt Grüße
in das unbekannte des Mondes Lauf!

Nun geht das Mädchen zurück in das Zimmer
sie ist zufrieden, der Mond ist noch da
am Morgen wenn die Sonne ihn ablöst
werden vielleicht ihre Wünsche wahr!

Der brave Ministrant

Der Sepperl war ein kleiner Lausbub von elf Jahren. Er wohnte mit seinen Eltern und den beiden Schwestern auf einem Bauernhof. In demselben Dorf wohnte auch der Franzl, Sepperls Freund. Immer steckten die beiden Buben zusammen und oft heckten sie kleine Streiche aus. Der Sepperl hatte aber auch ein gutes Herz. Als er eines Tages fünf kleine Katzen auf dem Heuboden fand, bat er seinen Vater, sie ja nicht wegzugeben. „Wenn du sie verschenken kannst, soll es mir recht sein", meinte der Vater. Mit einer kleinen List wurde er alle fünf Kätzchen los. Die Kätzchen waren lange schon vergessen, als beim Nachbarn die Kirschen reif waren. Franzl und Sepperl saßen ganz oben auf dem Kirschbaum und dachten, dass sie da niemand sehen konnte. Plötzlich hörten sie jemanden rufen: „Kommt ja schnell herunter, sonst sag' ich's euren Eltern." Da standen die beiden mit gesenktem Kopf vor dem Bauern, als dieser fragte: „Wie viel habt ihr heut' schon gefuttert?" Da zog der Sepperl eine Locke ins Gesicht, schaute den Bauern treuherzig mit seinen blauen Augen und sagte stotternd: „Na, so etwa drei Kirschen." Da erwiderte der Bauer: „Da muss ich wohl eine Null dran hängen. Die Kirschen müsst ihr abarbeiten, kommt morgen zur Ernte und pflückt die ganz oben, da könnt ihr euch den Bauch vollschlagen." Franzl und Sepperl nickten eifrig und am anderen Tag halfen sie beim Pflücken. Sie brachten auch ihren Eltern eine Schüssel voll mit nach Hause, wofür sie gelobt wurden. Danach liefen sie auf eine Wiese und spielten erst einmal Fußball. Ein alter Heustadel musste als Tor herhalten. Da klirrte ein Fenster und die beiden wollten das Weite suchen, als eine starke Hand sie am Kragen packte: „Könnt ihr nicht wo anders spielen? Die Wiese ist doch so groß." Schuldbewusst standen die beiden da. Der Bauer lachte, als er die Gesichter sah und drückte jedem einen Rechen in die Hand. „Das Heu", meinte der Bauer, „muss heut' noch in den Stadel, also packen wir es an." Schweißnass lagen sie danach im Gras. Da sagte der Sepperl: „Ich hab die Nase voll, wir müssen uns etwas anderes ausdenken. Das was wir tun, artet immer in Arbeit aus!"

Am nächsten Tag saßen Franzl und Sepperl in der Schule, sie hatten gerade Religionsunterricht beim Herrn Pfarrer. Nach der Stunde sagte der Pfarrer zu den beiden: „Bleibt ein wenig da, ich will euch was sagen." Weil Franzl ein Jahr älter war als der Sepperl, war er schon Ministrant. Sepperls großer Wunsch war es, auch einer zu werden. Da sagte der Pfarrer zum Sepperl: „Ich kenn' deinen Wunsch, Ministrant zu werden. Musst noch ein Jahr warten, aber ich hab' eine andere Aufgabe für dich. Nächste Woche ist doch Fronleichnam. Was meinst Sepperl, willst die Fahne tragen und an der Spitze der ganzen Prozession gehen? Aber ja schön gehen, darfst dabei auch ein Ministranten-Gewand tragen!" Der Sepperl nickte stark und wäre dem Pfarrer beinahe an den Hals gesprungen voller Freude. „Ja, da wär noch etwas. Wenn eine Beerdigung ist, musst du das Kreuz voraus tragen." Da nickte der Sepperl zaghaft und meinte: „Hoffentlich sind viele Taufen und Hochzeiten und ganz wenig Beerdigungen!" Der Pfarrer schmunzelte und dachte: „Das ist ganz der Sepperl."

Fronleichnam kam und es war ein schöner sonniger Tag. Der Sepperl hatte die Nacht vor seiner großen Aufgabe schlecht geschlafen. Durch blühende Wiesen und Felder führte Stunden später die Prozession. Sepperl ging stolz mit seiner Fahne voraus. Beim dritten Altar wurde einer Frau schlecht und alles verzögerte sich. Sepperl bekam das alles nicht mit und ging den Weg weiter. Plötzlich stand er ganz allein an einer kleinen Kapelle, die als vierter Altar diente. Helfer suchten Sepperl inzwischen beim dritten Altar. Dann gingen sie den Weg weiter und einer dachte, dass sich der Sepperl schon wieder einfinden wird. Als sie zum vierten Altar kamen, stand der Sepperl dort mit gesenktem Kopf. Der Pfarrer strich ihm über den Kopf und flüsterte leise: „Musst das nächste mal langsamer gehen, hast deine Sache schon gut gemacht!"

In der Woche darauf war gleich eine Beerdigung. Sepperl ging mit dem Kreuz so langsam, dass ihm der Herr Pfarrer beinahe auf die Füße trat. In der Sakristei wieder angekommen, meinte der Herr Pfarrer zum Sepperl: „So langsames Gehen hab' ich nicht gemeint, geh' halt einfach ruhig deinen Schritt." „Ich mag Beerdigungen nicht", sagte der Sepperl. Da betonte der Pfarrer: „Bub, merk dir, dass auch Beerdigungen zu unserem Leben gehören."

Ein paar Wochen später kam der Franzl zum Sepperl und sagte: „Der Herr Pfarrer schickt mich, er braucht dich!" In der Sakristei angekommen, sagte der Pfarrer zum Sepperl: „Alle Ministranten sind krank, nur ihr beide habt durchgehalten. Sepperl, ich brauch' dich, musst heut' einen Ministranten machen, wie du weißt, brauch' ich zwei. Der Franzl sagt dir alles, was du machen sollst, du schaffst es schon. Wenn du es gut machst, dann brauchst kein Jahr mehr warten!" Franzl zog ihm das Ministranten-Gewand an und meinte: „Mach mir einfach alles nach. Die Antworten, die wir dem Herrn Pfarrer geben müssen, kannst du besser als ich. Den Weihrauch nehme ich und du stellst dich daneben. Und das mit Wein und Wasser zeig' ich dir auch. Ich nehm' das Wasser und du den Wein. Gib dem Herrn Pfarrer mehr Wein, weißt, der mag das so!"

Die Messe begann, der Franzl und der Sepperl folgten dem Pfarrer. Als die beiden ganz vorne am Altar standen, schwenkte Franzl das Weihrauchgefäß. Sepperl sah in die Menge der Leute: „Ach du lieber Gott", dachte er leise, „da unten sitzt meine Mutter!" Als der Pfarrer die Worte sprach, gab der Sepperl laut und deutlich die Antworten. Der Pfarrer nickte dem Sepperl wohlwollend zu. Dann trat der Franzl zum Pfarrer hin, zog den Sepperl mit und der Herr Pfarrer reichte den beiden den Kelch. Sepperl dachte an Franzls Worte, dem Pfarrer ja mehr Wein zu geben. Der Sepperl schüttete und schüttete, der Kelch war voll. Vorsichtig nahm der Herr Pfarrer den übervollen Kelch und stellte ihn auf den Altar. Eine ganz kleine Lache war am Boden zu sehen und der Sepperl wurde rot. Als die Messe aus war und Franzl und Sepperl vor dem Pfarrer standen, sagte dieser: „Hast deine Sache gut gemacht, Sepperl. Die Wörter hast du schön gesagt, nur gar so viel Wein wollte ich nicht, ein bisserl weniger hätte auch gereicht!" „Heißt das", meinte der Sepperl, „das ich weiter ministrieren darf?" „Ja, Sepperl", antwortete der Pfarrer, „ab heute bist du Ministrant." Mit einem „Juhu!" rannte er nach Hause. „Au weh", dachte dann später - die Mutter hatte ihn doch in der Messe gesehen. Dass er ab heute Ministrant war, wollte er erst später erzählen. Sie saßen alle am Tisch beim Abendbrot, als die Mutter sagte: „Ich war heut' in der Kirche und hab meine Brille vergessen. Da war ein neuer Ministrant, der noch nicht alles kann. Er hat den Kelch des Herrn Pfarrer ganz voll gemacht, so dass dieser fast nicht trinken konnte. Das war was, ich hätte beinahe gelacht. Ich möchte zu gerne wissen, wo der Bub hingehört!"

Der alte Bockl

Meine Eltern waren Mitglied im Waldverein, da wurden immer schöne Wanderungen gemacht. Ich war damals zehn Jahre alt, als eine Wanderung zum Hacklstein angesagt war. Erst mussten wir mit unseren „Bockl", so nannten wir unseren Zug, nach Wiesau fahren. Von dort aus ging es zu Fuß bis nach Fuchsmühl. Wir Kinder hatten den größten Spaß und gingen allen voraus. Dort angekommen, besuchten wir die Wallfahrtskirche, danach ging es in den Wald zum Hacklstein. Die Sonne meinte es gut mit uns, so machte das Gehen Spaß. Am Hacklstein angelangt, setzten wir uns alle ins Gras und machten Brotzeit. Es schmeckte wunderbar im Wald. Da erzählte ein Mann von der großen Bauernschlacht, welche einmal dort stattgefunden hat. Wir Kinder verloren bald das Interesse und kletterten auf den Felsen herum oder erfanden Spiele, welche Freude machten. Nach einiger Zeit brachen wir wieder auf und gingen erst nach Fuchsmühl und nach Wiesau zurück, von wo uns der Bockl heim nach Tirschenreuth brachte.

Die nächste Wanderung führte ins Waldnaabtal. Zweimal machten wir im Wald Rast, einfach waren es elf Kilometer zu gehen. Wenn man zur Blockhütte wollte, gab es zwei Wege. Der eine, der schönere, führte vorbei am „Kammerwagen", wo einst Bettwäsche zu Stein aufgeschichtet war - so erzählt es die Legende. Dann kam man vorbei am Sauerbrunnen, wo angeblich das Wasser so gesund war. Das schönste war für mich das „Butterfass". Die Waldnaab drängte sich dort durch große Felsbrocken und es schäumte wie in einem Butterfass. Immer wenn wir diesen Weg wählten und die Waldnaab gerade wenig Wasser führte, sprangen wir über die Steine ans andere Ufer. Wir jauchzten und waren stolz, wenn wir es wieder einmal geschafft hatten. Doch an diesem Tag gingen wir den anderen Weg zum Mühlnigl-Weiher. Dort stand eine Waldhütte, die dem Verein gehörte. Es gab immer Kartoffelsuppe mit Wurststückchen, welche immer schnell weggeputzt war. Unsere Eltern ruhten sich aus und wir Mädchen und Jungen sprangen mit Geschrei in den Weiher. Uns machte es nichts aus, wenn der Weiher noch etwas kalt war. In der Sonne waren unsere Haare im Nu wieder trocken. Nun machten wir uns wieder auf den Heimweg. Vorher zeigte ich meiner Mutter zwei kleine Steinchen, die in der Sonne glänzten.

In diesem Jahr machten wir noch eine große Wanderung zur Silberhütte. Die kleinen Wanderungen durch unseren schönen Wald, die wir alle drei Wochen an den Sonntagen machten, zählten wir schon nicht mehr. Wieder fuhren wir mit dem Bockl nach Iglersreuth, wo ein altes Bahnhäuschen stand. Von dort aus führte ein schöner Wanderweg zur Silberhütte. Nach einer kleinen Rast war das erste Ziel die Naabquelle. Die Waldnaab kam dort als Rinnsal aus dem Boden. Sie floss in einem Bogen ins Böhmische und dann wieder zurück ins Bayerische. An diesem Tag war auch noch der Entenbühl auf unserer Route vorgesehen. Wir mussten schön auf dem Weg bleiben, gingen wir doch an der tschechischen Grenze entlang. Ein wenig Herzklopfen hatten wir Kinder schon, doch das war bald verflogen, als wir beim Entenbühl waren. Dort stand ein großer Aussichtsturm, also wieder etwas zum Klettern. Auf dem steinigen Rückweg erreichten wir die Silberhütte. Dort zeigte ich meiner Mutter wieder ein paar gesammelte Steinchen.

Es vergingen ein paar Jahre und ich war mit einigen Freundinnen zusammen. Die eine schlug vor, von Bärnau aus zur Silberhütte zu gehen. Meine Mutter lachte und meinte: „Unser Bockl fährt immer die gleiche Strecke, Bärnau - Tirschenreuth - Wiesau und wieder zurück. In Bärnau ist das Ende." Lachend machten wir uns auf den Weg und fuhren mit dem Bockl nach Bärnau. Dort angekommen, suchten wir das Ende der Strecke. Wir gingen an den Gleisen entlang bis zum einem großen Hügel mit Puffern. Als wir dort standen, fragten wir uns, wie es wohl hinter dem „Ende" aussehen würde.

Es war viel lange Zeit vergangen und in der Welt war viel geschehen. Die Mauer, welche Ost und West getrennt hatte, war gefallen. Der eiserne Vorhang wurde geöffnet, man konnte mit einem Ausweis ins Tschechische reisen und wir konnten hinter das „Ende" schauen. Es war dort nicht anders als bei uns. Nur in meiner Heimatstadt hatte sich viel verändert. Vieles zum Vorteil, doch unseren heiß geliebten Bockl gab es nicht mehr, er wurde durch einen Bus ersetzt. Gas wuchs über die Gleise und oft bin ich ein Stück darauf gegangen. Dann wurden auch die Gleise entfernt und ein Wanderweg entstand. Ein paar Mal bin ich mit meiner Tochter den Weg entlang gegangen. Er war sehr schön angelegt, man war weg von der Straße. Doch mit Wehmut erzählte ich meiner Tochter vom Bockl. Wohin uns unsere Wanderungen auch führten, von überall her brachten wir kleine Steinchen mit nach Hause. Scherzend hörte ich meine Mutter sagen: „Bald hast du genug Steine für ein Haus!"

Meine Liebe zum Wandern, welche mir meine Eltern ins Herz gelegt hatten, war geblieben. Mein Sohn und meine Tochter wanderten auch genau so gern wie ich. Doch ist es heute bequem, mit dem Auto zu einem Ziel zu fahren. Rund um meine Heimatstadt kenne ich fast jedes schöne Fleckerl. Wir haben den Steinwald mit viel Wald und unzähligen Felsen durchwandert. Auch das Fichtelgebirge mit Kösseine, Luisenburg und vielem mehr. Auch am Hacklstein sind wir ein paar Mal gewesen. Das Auto steht immer am Waldrand und von dort ist es nicht weit zu gehen. Man ist nicht so hundemüde wie damals, als wir alles zu Fuß machten. Die Wanderziele rund um meine Heimatstadt steuerten wir alle zu Fuß an. Wie ist das doch schön, müde und zufrieden ein Ziel erreicht zu haben. Doch immer wieder zieht es mich besonders hin zum „Ende", nach Bärnau.

Im letzten Sommer war ich mit meiner Tochter beim Bergfest. Wir gingen die Allee entlang, am Kreuzweg vorbei bis zur Steinbergkirche. Licht und Schatten der Bäume begleiteten unseren Weg. An diesem Tag war es wunderbar warm und der Gottesdienst fand im Freien statt. Auch stand daneben ein großes Zelt auf der Wiese, alles vom Waldverein Bärnau organisiert. Nach dem Gottesdienst gab es ein Wiedersehen mit vielen lieben Bekannten aus Bärnau. Weil es so schön warm war, gingen wir beide zum Grenzlandturm. Dort saßen Mädchen und Burschen aus Bayern und Tschechien. Sie scherzten und lachten und riefen uns einen Gruß zu. Ich sah hinüber auf die tschechische Seite, wo man heute ohne Ausweis unendlich viel Wandern kann. Ich sah den gleichen Wald, dieselben Wiesen, die gleichen Menschen. Ich hob ein kleines Steinchen auf und sagte zu meiner Tochter: „Egal ob das Steinchen auf deutschen oder tschechischen Boden liegt, es kommt zu meiner Sammlung. Heute weiß ich, es gibt kein Ende, keine Grenze, man muss nur wollen und sich die Hände reichen. Nur an unseren guten alten Bockl, daran darf man denken und von ihm träumen, denn sein Weg war zu Ende!"

Verzauberte Steine

Der Kreuzstein bei der Silberhütte
trennte zwei Länder für lange Zeit
heut geben sich Menschen wieder die Hände
und wandern durch die Wälder, weit so weit!

Die weiße Frau von der Ruine Schellenberg
lässt fürchtend dich im Nebel steh'n
am Tag glänzt die Sonne in den Felsen
in der Nacht such das Weite, sonst lässt sie sich seh'n!

Wanderst du durch das schöne Waldnaabtal
dort gibt es Felsen und Steine ohne Zahl
am Sauerbrunnen mache Rast
erfrische dich am kühlen Nass!

Ein Riese tobte in seiner Wut
warf große Steine in die Flut
die Waldnaab schäumte wie ein Butterfass
konnte sich nicht befreien von der Steine Last!

Die Prinzessin zu Falkenberg wollte Hochzeit halten
ein Knecht fuhr den Kammerwagen mit viel Last
der Wagen war schwer, er fluchte, „wär doch alles Stein"
noch heute kann man sehen, der Fluch traf ein!

In der gruselig schwarzen Teufelsküche
kochte einst der Teufel seine Suppe
niemand durfte nah zum Felsen geh'n
sonst wäre es um ihn gescheh'n!

Zwei Riesen schlugen in einen Stein
eine Mulde für das Futter ihrer Katzen hinein
das Katzentrögl ist uns heut' gut bekannt
wo einst Riesen ihre Katzen liebten, allesamt!

Bei Waldsassen am Glasberg der Schneller steht
ein Bauer wässert die Wies, das Schnellermandl, es sieht
es sagt: „Ich geb dir Geld, es soll ein Geheimnis sein"
sein geschwätziges Weib war schuld, da trat Armut ein!

Ein Gutsherr verirrte sich einst im Wald
ein Hirsch mit Kreuz im Geweih rettete ihn bald
als Dank ließ errichten aus besonderem Stein
die Kapelle zum Alten Herrgott für die Hilfe sein!

Bei St. Niklas in Mähring machten Pilger Rast
sie kamen aus Böhmen, trugen große Last
an Himmelfahrt pilgerten sie zu St. Loreto hin
um Segen für sich und manch krankes Kind!

Auf dem Mühlbühl von Tirschenreuth ist eine Grotte aus Stein
dort steht eine Lourdes-Madonna im Kerzenschein
oft bleiben Menschen betend vor ihr steh'n
sie flehen und bitten, mög' doch ein Wunder gescheh'n!

Wegkreuze und Marterl sind aus einfachem Stein
sie erzählen von Menschen die einmal gewesen
mit Feldblumen geschmückt, nie vergessen
auch verwitterte Schrift kannst du oft noch lesen!

Sagenumwobener Wolfenstein

„Feierabend", meinte Bernhard und setzte sich auf das Bankerl in seinem Garten. Er streckte die Beine aus, genoss die Ruhe und freute sich über alles, was er heute geschafft hatte. Er sah zum Haus hin und ließ seine Blicke durch den Garten schweifen. Alle Bäume trugen noch ihr sattes Grün und spendeten Schatten. In den Büschen und Sträuchern herrschte ein Summen und Brummen. Eben noch hatte er die Wiese gemäht und er atmete den Duft des frischen Grases ein. Die Blumen blühten in den allerschönsten Farben und Bernhard freute sich an all der üppigen Flora. Mitten auf der Wiese hatte Bernhard einen kleinen Teich angelegt. Dicht daneben stand ein großer Findling. Sein Freund Klaus und er hatten den Stein im letzten Herbst in den Garten gebracht, er war stolz darauf. Seit seine Eltern nicht mehr da waren, hatte er nicht viel verändert. Nun in der Stille dachte er an die Worte des Vaters: „Bernhard, bleib immer, wo dein Daheim ist. Du hast Arbeit, deine Freunde und dein Haus." Mutter meinte: „Mach im Garten alles so weiter, wie wir es angefangen haben. So ein Garten bringt Sonne in dein Herz!" Bernhard hatte ihren Rat befolgt und sein Heimatgefühl machte ihn froh und glücklich.

Zufrieden sah er zum Findling hin, die letzten Sonnenstrahlen ließen den Stein glänzen. Als er länger hingesehen hatte, spielte ihm seine Phantasie einen Streich. Ganz oben entdeckte er ein kleines Zwerglein mit einer Zipfelmütze. War nicht unten ein zweites, welches gemütlich da lag? Bernhard schüttelte den Kopf, als er in der Mitte noch ein drittes entdeckte. Bernhard sah weg und wie magisch angezogen wieder hin: die Zwerglein waren noch immer da. Bernhard lachte und wunderte sich, was man in der Phantasie nicht alles entdeckt. Nun machte er in Gedanken

Pläne. Heute war sein erster Urlaubstag und er hatte sich viel vorgenommen. Er beschloss, morgen zu einem Feldrain zu fahren. Dort gab es Steine in Hülle und Fülle. Mit denen wollte er den kleinen Gartenteich umranden. Auch Tagesfahrten hatte er geplant, denn rund um seine Heimatstadt Tirschenreuth gab es viele Ziele zum Wandern. Und vor allem Felsen und Steine, sagenumwobene, verzauberte Steine!

Am nächsten Tag fuhr er zum Wolfenstein. Er betrachtete ihn von allen Seiten. Er sah wirklich aus wie ein zu Stein gewordener Wolf. Er wollte gerade nach oben klettern, als er eine Kinderstimme hörte. „Mama, war das wirklich einmal ein böser Wolf? Mama, ich geh' keinen Schritt mehr weiter, der Wolf könnte aufwachen und uns etwas Böses tun." „Aber Michi", sagte die Mutter, „das ist doch eine Sage, und schon lange her. Komm zu mir, da gibt es Himbeeren, wir wollen welche essen." Da stand Bernhard vor den beiden und staunte. „Ja Christine", meinte er, „bist du es? Ich hab' dich schon lange nicht mehr gesehen. Und das ist dein Bub? Ist der aber schon groß." Michi sah Bernhard an und meinte: „Wenn du meine Mama kennst, dann sag' ich dir auch, dass ich im Herbst zur Schule komme!" Bernhard lachte beide an und sagte zu Michi: „Wenn du schon so groß bist, dann darfst du dich vor einem versteinerten Wolf nicht fürchten. Christine komm, ich helfe euch, wir wollen ganz nach oben klettern, damit Michi die Angst verliert." Vorsichtig nahm er den Buben an der Hand und führte ihn nach oben. Christine kam nach und alle drei genossen die schöne Aussicht. Wieder unten angekommen bemerkte Michi: „Ich bin dem bösen Wolf auf den Kopf gestiegen, ich hab' keine Angst mehr. Wenn ich das meinen Freunden erzähle, die werden staunen." „Magst du Steine und Felsen, Michi? Dann zeig ich euch einen noch größeren. Komm, Christine, wir fahren zur Großen Teufelsküche." „Oh ja", rief Michi, „die möchte ich sehen, wir haben nämlich Urlaub!"

Es war ein dunkler Wald, in dem sie sich befanden. Vor ihnen stand ein großer Felsen mit einem kohlschwarzen Loch. „Die Sage erzählt", sagte Bernhard zu Michi, „dass der Teufel für seine Bösen gekocht hat." „Oh ist das aber gruselig, da ist es nicht schön. Weist du nicht Steine mit guten Sagen? Ich mag Wölfe und Teufel nicht." „Wenn ihr einmal Zeit habt, Christine, dann zeig' ich dem Michi schöne Felsen und Steine." „Oh ja", sagte Michi, „fahren wir los." „Heute nicht mehr, ich will Steine für meinen Garten holen, du darfst mir dabei helfen." Am Wiesenrain standen sie schließlich vor einem großen Berg mit Steinen in allen Größen. Michi fragte: „Wo kommen all die Steine her?" „Weißt du, Michi, wenn die Bauern ihr Feld umpflügen, liegen dort viele Steine, die müssen raus, sonst werden die Maschinen kaputt." Alle drei halfen zusammen und machten zwei Eimer voll. „Es ist für heute genug Christine, willst du meinen Garten sehen?" Als diese nickte, fuhr Bernhard mit ihnen nach Hause.

Im Garten sagte Bernhard: „Ich hol' uns etwas zu trinken, ihr habt gewiss Durst." Bernhard zeigte Christine den Garten und Michi lief fröhlich herum. Dann setzten sie sich auf die Gartenbank, da sagte Bernhard zu Michi: „Komm, du kannst mir helfen die Steine um den Teich zu legen." Michi war gleich dabei und Christine bemerkte: „Bernhard, du hast aber einen schönen Findling." „Gefällt er dir? Mir nämlich auch, ich hab schon Zwerglein in dem Stein entdeckt." „Wenn man genau hinsieht", meinte Christine, „dann kann man mit viel Phantasie etwas erkennen." „Ich auch", rief Michi. „Ganz oben sehe ich eine Zipfelmütze." Bernhard lachte und Christine setzte sich wieder auf die Bank. Michi legte Stein um Stein neben den Teich und lächelte Bernhard dabei an. Bernhard sah in die strahlenden Kinderaugen und dachte leise: „Michi hat die gleichen blauen Augen wie Christine." Christine hatte ihm schon in der Schule gefallen, sie hatte dann später aber Paul geheiratet. Dieser war vor zwei Jahren verunglückt. Nun war sie gewiss allein, sonst wär' sie heute nicht mit dem Buben auf dem Wolfenstein gewesen. Bernhard gefiel der kleine Blondschopf immer besser und er ließ ihn die restlichen Steine allein um den Teich legen. Bernhard setzte sich neben Christine auf die Bank. Da sagte sie zu Bernhard: „Du hast einen Garten, wir haben leider keinen." „Kommt so oft ihr wollt, ich würde mich freuen. Michi hat vorhin gesagt, dass du Urlaub hast. Ich auch, welch ein Zufall. Hast du etwas vor, wollt ihr wegfahren?" „Nein Bernhard, ich werde mit Michi viel in den Wald gehen, er hat ja sonst nicht viel von mir." „Und ich will Tagesfahrten machen, unsere Heimat ist ja so schön. Ich hab gute Bekannte, den Josef und die Berta. Die wohnen auf einem Bauernhof und vermieten an Urlauber. Die Leute kommen jedes Jahr wieder von weit her, ihnen gefällt es in unserer Oberpfalz. Viel Wald zum Wandern, dann die sagenumwobenen Steine und Felsen. Wir wohnen auf einem besonderen Fleckerl Erde und wissen gar nicht, wie reich wir sind. Ich will im Urlaub Tagesfahrten machen, denn am Abend braucht mich der Garten. Was sagst du dazu, Christine, wenn dein Michi und ich die Oberpfalz neu entdecken? Sechs Augen sehen gewiss mehr Schönheiten als ich allein. Ich könnte deinem Michi das Waldnaabtal, den Schellenberg bei der Silberhütte, die Ruine Weißenstein und den Hackelstein zeigen. Wenn ich alles aufzählen würde, bräuchte ich sehr lange. Du darfst dir natürlich auch etwas Schönes ausdenken, ich würde mich freuen, wenn ich nicht allein fahren müsste. In drei Wochen kann man viel Schönes sehen und erleben. Bitte, Christine, überleg es dir und sag mir bescheid." Da sah Christine Bernhard still an und sagte ganz leise: „Wir sind dabei!"

Roter Mohn

Wie Ballettmädchen die zum Tanze geh'n
auf einem Bein sich in den Schuhen dreh'n
ihre Röckchen flattern dazu im Wind
ein rotes Meer, diese Blumen sind!

Zauberhaft tanzen sie zu einer Melodie
die nur der Wind so schön kann bringen
wie kleine Elfen so zart sind sie
und ganz leise ist ein Summen und Singen!

Im ganzen Feld ist nun ihr Treiben
keine einzige Blume möchte stehen bleiben
von weitem seh' ich die Schönheit schon
das Tanzen der Blumen vom roten Mohn!

Schon die zarten Knospen lassen Schönes ahnen
und aufgeblüht sind sie vollkommen
glutrot wie die untergehende Sonne
mein Aug' sieht das Schöne voller Wonne!

Ich werd' sie auf eine Leinwand malen
damit auch andere ihre Schönheit seh'n
dort können viele sie betrachten
dort gibt es niemals ein Vergeh'n!

Die Eis-Testfahrt

Es war zur Mittagszeit, die Sonne brannte vom Himmel herunter, die richtige Zeit, um sich innerlich ein wenig abzukühlen. Michl, ein zwanzigjähriger Bursch, kam aus einer Eisdiele mit einem großen Becher Eis heraus. Er setzte sich auf eine Parkbank im Schatten eines Kastanienbaumes und verzehrte genüsslich das köstliche Eis. Bis zum letzten Bissen dachte er nur das eine: Eis ist das Beste, was es gibt. Da stand der Flori lachend vor ihm und sagte: „Ich hätte mir ja denken können, wo ich dich finde." „Magst auch einen Becher?", fragte der Michl. „Ich könnte leicht noch einen verdrücken." „Danke, Michl", antwortete der Flori, „ich halt mich da lieber an Wasser, um den Durst zu löschen. Noch lieber wär mir ein kühles Bier, doch das könnte mir bei der Heimfahrt den Führerschein kosten. Hast' alles erledigt in der Stadt? Ich muss heim, hab viel zu tun." Michl nickte, beide stiegen ins Auto und fuhren ins Dorf zurück, wo sie wohnten.

Ein paar Wochen später, als es auf die Ernte zuging, kam der Michl zum Flori und sagte: „Hast was dringendes vor heute? Ich könnte deine Hilfe brauchen. Mein Bulldog spinnt, der braucht einen Fachmann. Wenn ich ihn dann dort lassen muss, brauch' ich dich zum Heimfahren." „Abgemacht", sagte der Flori, „in einer Stunde fahren wir los." In Mitterteich angekommen meinte der Mechaniker: „Michl, dein Bulldog braucht ein Ersatzteil, das muss ich erst bestellen. Ein paar Tage wird das schon dauern." „Du hast gut reden", sagte der Michl, „ich steh vor der Ernte!" „Ich tu' alles was ich kann, bloß zaubern kann ich nicht!" „Komm", meinte der Flori, „lass den Kopf nicht hängen, hast ja mich." Flori fuhr auf den Marktplatz und hielt vor der Eisdiele. „Lass dir eine große Portion Eis bringen und ich trink' eine Halbe, dann schaut die Welt ganz anders aus. Auf dem Heimweg fährst natürlich du!"

Vor der Eisdiele standen viele Tische und Stühle, Michl und Flori setzten sich nieder. Am Nebentisch saßen zwei hübsche Mädchen. Die eine trank einen Orangensaft und die andere löffelte genüsslich an einem Eisbecher. Und wie es halt so geht - bald saßen alle vier an einem Tisch. Michl saß neben der blonden Lissy, die das Eis löffelte. Flori gefiel die dunkelhaarige Leni mit dem Orangensaft besser. Nach ein paar Fragen, die hin und her gingen, entwickelte sich ein lockeres Gespräch. Sie lachten und neckten sich und es war, als ob sie sich schon lange kennen würden. Michl fragte schließlich, ob sie sich in ein paar Tagen wieder treffen könnten. Die Mädchen nickten, bevor sie auseinander gingen. Michl säuselte dem Flori auf dem Heimweg die Ohren voll. „Die Lissy ist super, die würd' ich vom Fleck weg heiraten!"

Ein paar Tage später erhielt Michl bescheid, dass sein Bulldog wieder in Ordnung sei. Er sagte es dem Flori, rief die beiden Mädchen an und machte ein Treffen vor der Eisdiele aus. Michl und Flori waren schon da, als die Mädchen kamen. Michl sah Lissy und rief laut: „Sappralot, schaust du heut' gut aus. Dich würd' ich sofort heiraten." Lissy wurde über und über rot. Da sagte der Michl: „Ich hab' einen Bauernhof und gute Eltern, die würden dich sofort mögen. Weißt was Lissy, hilf mir bei der Ernte, dann weißt du gleich, was auf dich zukommt. Lissy, ich bin einer mit schnellen Entschlüssen. Ich hab' es dem Flori schon gesagt, dich oder keine! Was sagst du dazu? Nach der Ernte ist Hochzeit, willst du?" Und Lissy wollte!

Es vergingen ein paar Wochen. Lissy fühlte sich auf dem Hof sofort daheim und mit den Schwiegereltern verstand sie sich auch gut. Was Michl auch anpackte, er machte alles schnell. Oft sagte Lissy zu ihm: „Bist halt mein narrischer Deifl." Doch Michl meinte es immer gut und las der Lissy jeden Wunsch von den Augen ab. Die Ernte war heimgebracht und Lissy hatte fleißig mitgeholfen. Da fragte er Lissy eines Morgens, ob sie einen Wunsch hätte. Spontan antwortete sie; „Einen großen Becher Eis essen!" Weil seine Eltern an diesem Tag mit dem Auto unterwegs waren, nahm Michl kurzentschlossen den Bulldog. Obwohl Lissy sich sträubte, zog er sie einfach hinauf. Michl ließ den Bulldog am Stadtrand stehen und sie gingen zu Fuß bis zur Eisdiele. Auf Heimweg meinte Lissy: „Das Eis war gut, doch mit dem Auto wär' alles schöner gewesen. Mit dem Bulldog kannst allein fahren!"

Einige Zeit später las Michl in der Zeitung, dass am Chiemsee ein großer Eispalast eröffnet hatte. In den ersten acht Tagen bekam jeder Besucher zu seiner Portion noch einen kleinen Eisbecher gratis dazu. Michl fuhr mit dem Bulldog die Felder ab, um sie für die Wintersaat vorzubereiten. Den ganzen Tag spukte ihm der Eispalast am Chiemsee im Kopf herum. Lissy konnte er sich aus dem Kopf schlagen, sie wollte mit dem Auto in der Stadt etwas besorgen. Die ganze Nacht wälzte Michl sich hin und her. Am Morgen stand er um fünf Uhr auf und sagte zu der verdutzen Lissy: „Schlaf weiter, ich muss wo hin, wenn ich zurückkomm', erzähl' ich es dir!"

Grauer Nebel lag noch über den Fluren, als Michl Weiden hinter sich ließ. Michl saß auf seinem Bulldog und fuhr die Landstraße entlang. Er kam zügig voran, er konnte ja fast 60 Stundenkilometer fahren. Michl war gut gelaunt, der Motor ratterte, es war wie Musik für ihn. Er sang mit den Vögeln um die Wette. Zweimal hatte er schon Brotzeit gemacht und die Herbstsonne schien warm zu ihm herunter. Er rief „Juhu", als er am Straßenrand das Schild „Chiemsee" las. Michl hatte Glück, vor dem Eispalast war ein großer Parkplatz. Michl setzte sich an einen weißen Tisch und ließ sich den Herbstwind über die Nase wehen. Als die Bedienung kam, bestellte Michl den größten Eisbecher auf der Karte. Das Mädchen kam mit einem Tablett und brachte einen großen und einen kleinen Eisbecher. „Guten Appetit", sagte das Mädchen lachend. „Und soll das alles in Ihren Magen?" Michl nickte und begann zu löffeln. War es die Seeluft, der Herbst oder eben das köstliche Eis, ihm war, als säße er im Himmel. Dann begann er, den Chiemsee und die Berge zu betrachten und sagte sich leise: „Ich komm wieder mit meiner Lissy." So flott es eben mit einem Bulldog ging, machte er sich auf den Heimweg. Als Michl nachts in sein Heimatdorf in der nördlichen Oberpfalz einbog, schlug die Kirchturmuhr gerade zwölf Uhr. Neben der Haustür stand Lissy und blickte ihn fragend an. Michl nahm sie in den Arm und meinte: „Ich hab' heute eine Eis-Testfahrt zum Chiemsee gemacht, dort gibt es das beste Eis. Lissy, das nächste Mal fahren wir mit dem Auto, ich hab' dich so vermisst! Du weißt doch, wenn ich etwas will, dann muss es schnell gehen, sonst hätt' ich ja dich nicht, mein Schatzl!"

Ein Regenbogen

Ich geh vorbei an Stoppelfeldern
gestern wehten noch Garben im Wind
nun liegt das Getreide in der Scheune
das Gold des Feldes, unser Brot!

Dunkle Wolken verkünden Regen
ich suche Schutz im nahen Wald
es regnet nicht lange silberne Tropfen
welche in der Erde verdunsten bald!

Die Sonne scheint schon wieder am Himmel
ich seh' voll Erstaunen zum Horizont
dort erscheint ein Regenbogen
welch ein Bild mein Aug belohnt!

Vögel zwitschern, suchen Körner in Feldern
sie wollen ernten, was wir vergessen
Mäuschen verschwinden mit großer Last
in den Boden, ganz ohne Hast!

So hat Mensch und Tier die Ernte heimgebracht
denn bald schon kommt die lange Winternacht
mit Fleiß kam das Samenkorn in die Erde
mit Mühe und Schweiß die Garben heim.
Gott schickt uns den herrlichen Regenbogen
er segnet die Ernte und wird bei uns sein!

Das Versprechen

Martin Bauer hatte gerade den Wald verlassen, als der Pfad auf einer Wiese weiterging. Das schützende Blätterdach war vorbei, doch die Wiese mit all ihren Blumen war eine Augenweide. Da stand ein kleines Bankerl, es kam ihm gerade recht. Er schaute auf die herrlich duftenden Blumen und ließ seine Gedanken schweifen. Vor zwei Jahren hatte er einen Autounfall - das Auto war Schrott doch sein Schutzengel hatte Großes geleistet. Als er im Krankenhaus aufwachte, dachte er im ersten Moment, die Schwester wäre ein Engel. Die Ärzte sagten ihm vorsichtig, dass sie keinen Pfifferling auf sein linkes Bein geben würden. Dann folgte die Reha. Er sonderte sich ab, machte aber alles mit, was angeordnet wurde. Ein Rollstuhlfahrer war es dann, der Martin ansprach und ihm Mut machte. Sie wurden Freunde - und Heiner, der beide Beine nie mehr brauchen konnte, kämpfte mit ihm um sein linkes Bein. Als sich Erfolg einstellte, versprach Martin, auf den Fahrenberg zu wandern und zu danken, wenn er wieder gehen kann. Der Alltag hatte ihn bald wieder und das Gehen fiel ihm immer leichter.

Voller Freude besuchte er eines Tages Heiner und fuhr diesen im Rollstuhl um den elterlichen Hof. Dann fuhr er ihn um all seine Wiesen und Felder. Voller Freude setzte sich Martin auf eine Bank, es reichte für heute. „Heiner", sagte Martin, „dass ich so gut gehen kann, verdank' ich dir, du hast mir immer wieder Mut gemacht, wenn ich aufgeben wollte." Heiner schüttelte den Kopf und sagte: „Martin, ich war nur ein Werkzeug, deine Hilfe kam von oben. Nun halt' auch dein Versprechen und geh' auf den Fahrenberg. Nicht gleich übertreiben, dann wird das Gehen immer leichter!"

Nun saß Martin auf dem Bankerl vor der großen Wiese und dachte an die Worte von Heiner. Da fiel sein Blick nach links, wo die Gegend immer hügeliger wurde. Es war einmalig schön. Oben

auf jeder Anhöhe standen schneeweiße Häuser, wie im Bilderbuch. Lange betrachtete er alles, bis er ein Wegkreuz entdeckte. Es war frisch mit Blumen geschmückt und Martin setzte sich dankbar auf die Bank daneben. Leichten Schrittes kam ein älterer Mann daher und setzte sich neben Martin. „Schön ist es heute", sagte der Ältere, „an solchen Tagen möchte ich wieder so jung sein wie du und losrennen können." Martin entgegnete: „Ich bin zwar jung, aber ich kann auch nicht losrennen." Und er erzählte dem Mann seine Geschichte. „Da hast aber Glück gehabt, musst dich gut bedanken bei dem da oben." „Das hab ich auch schon getan, doch hab' noch was anderes vor. Ich will auf den Fahrenberg gehen, wenn ich wieder richtig laufen kann." „Das ist gut, was du vor hast. Ein Versprechen muss man halten." „Darf ich eine Frage stellen? Wie heißt der Ort? Der ist so schön, dass ich mich nicht daran satt sehen kann", sagte Martin. „Der Ort heißt Waldkirch", antwortete der Mann. „Es ist mein Heimatort. Wenn du auf den Fahrenberg gehst, dann wink hinüber, vielleicht werde ich dich sehen!" Martin nickte, bedankte sich für die guten Worte und machte sich auf den Weg.
Wieder daheim fuhr Martin zu Heiner. „Ja, Martin", rief ihm Heiner entgegen. „Wo kommst denn du her? Was macht der Fuß? Wie ich sehe, kannst du schon gut gehen!" „Gott sei Dank ja, aber ich hab den Weg versucht, die Kraft reicht noch nicht aus, ich muss noch ein Jahr warten", entgegnete Martin. „Aber ich hab eine gute Idee und dazu brauch' ich dich!" „Mich?", meinte Heiner lachend. „Soll ich wohl aus den Rollstuhl springen?" Den Heiner konnte nichts umwerfen, er hatte immer ein lustiges Wort parat. Da sagte Martin: „In ein paar Wochen ist Maria Himmelfahrt und auf dem Fahrenberg findet das Kirchfest statt. Wollen wir beide dabei sein? Ich fahr mit dem Auto nach Waldthurn und von dort aus schieb ich dich den Berg hinauf." „Abgemacht", meinte Heiner. „Ich bin dabei!"
Der 15. August kam und Martin stand mit Heiner in der Sonne vor der Kirche. Es waren viele Menschen anwesend, welche an der Festmesse teilnehmen wollten. Auf der Wiese war ein Altar aufgebaut und die Leute saßen rund herum. Heiner hielt ganz fest

sein Kräutersträußchen in der Hand, das Martin am Vorabend gebunden hatte. Laut sangen die beiden all die Marienlieder mit. Nach einem besonderen Segen verteilten sich die Leute. Es waren Buden aufgestellt, an denen man vieles kaufen konnte. Daneben standen Bänke und Tische für die Leute, die Brotzeit machten. Martin setzte sich an ein Tischende und stellte den Rollstuhl mit Heiner ganz nah neben sich. Dann bestellte er Weißwürste, Brezen und Bier, beide ließen sich alles gut schmecken. An dem Tisch saß auch ein Pärchen, das sich immer wieder lieb anlächelte. Da sagte Heiner: „Das ist aber schön, wenn junge Leute noch den Weg zur Kirche finden. Nicht viele halten noch etwas von den alten Bräuchen!" „Wir schon", erwiderte der junge Mann. „Dort, wo wir wohnen, gibt es noch das Wort Herrgott!" „Und wo wohnt ihr beiden?", fragte Heiner. „In Waldkirch, nicht weit von hier." „In Waldkirch?", meinte Martin. „Das ist der Ort, in den ich mich bei einer Wanderung verliebt hab'. Ihr zwei wohnt auf einem schönen Fleckerl Erde." „Und wie kommst du gerade an Waldkirch vorbei?" „Ich wollte eine Wanderung machen, da sah ich den Ort. Und ein älterer Mann sagte, es sei Waldkirch. Dort ist mir das Herz aufgegangen, so schön ist die Landschaft. Eigentlich wollte ich an diesem Tag noch weiter gehen, doch mein linkes Bein machte nicht mit. Ich hatte einen Unfall und hab' ein Versprechen gemacht, auf den Fahrenberg zu gehen!" Der junge Mann lachte und sagte: „Von Waldkirch aus ist es zu weit zum Gehen. Da weiß ich etwas besseres. Übrigens, ich bin der Daniel und das ist meine Lissy." „Und ich bin der Martin, das ist mein Freund Heiner. Ihm verdank' ich sehr viel, das muss ich euch erzählen." Da fing Daniel noch einmal an: „Ich weiß einen Weg, der leicht zu gehen ist, den schaffst auch du, Martin. Der Herbst ist noch lang und wenn sich auf den Fahrenberg die Blätter bunt färben, dann ist alles noch viel schöner. Was ich dich fragen wollte, Martin: Hast du versprochen, die Wallfahrt allein zu unternehmen?" „Natürlich nicht", sagte Martin. „Aber Heiner kann ich doch nicht mitnehmen!" „Wenn aber wir vier gingen, was würdest du dazu sagen? Heiner und du, ihr kommt mit dem Auto zu uns nach

Waldkirch. Da kannst du von oben erst einmal die Gegend betrachten. Ich hab' ein großes Auto, da geht leicht der Rollstuhl hinein. Wir fahren dann nach Neuenhammer und von dort aus ist es ein kurzer Weg auf den Berg. Lissy, was sagst du dazu, ist es dir recht?" Sie nickte. „Wir zwei", sagte Daniel, „schieben den Rollstuhl. Du wirst den Weg gut schaffen, das versprech' ich dir. Was sagst du dazu, Martin?" Martin nickte heftig und brachte kein Wort heraus. „Weißt Martin, Lissy und ich gehen oft und viel wandern, da sind wir so manche Steigung gewöhnt." Dann sah Daniel den Heiner an. Dieser strahlte über das ganze Gesicht und sagte: „Als ich in den Rollstuhl musste, dachte ich, mein Leben wär' zu Ende. Dann kam Martin, der war so schlecht drauf, ich vergaß mich und richtete ihn mit Worten auf. Es war eine schöne Aufgabe, die ich bekam. Doch nun habe ich dich, Lissy und Daniel kennengelernt und kann es kaum fassen, das es junge Leute gibt, die mich auf den Fahrenberg schieben. Nun halten wir vier zusammen und Martin kann sein Versprechen einlösen. Jetzt ist mir bewusst, dass alles seinen Sinn hat. Der Herrgott wird es schon richten, wir müssen ihm nur vertrauen!"

Ein Schmetterlingsjahr

An einem Ast ganz unscheinbar
bewegt sich eine Raupe langsam fort
es ist Zeit sich zu verpuppen
zu erreichen einen sicheren Ort!

Der Regen lässt die Blätter sprießen
die Sonne lächelt, die Puppe zerreißt ihr Zelt
ein Schmetterling blinzelt voller Wonne
breitet die Flügel, fliegt in die Welt!

Der Sommer ist da, die Wiesen voller Blumen
trunken vom Nektar fliegt er dahin
überall fliegen Hummeln und Bienen
Hunderte Schmetterlinge, es ist so schön!

Die Blätter werden immer bunter
der Schmetterling hat nur Schönes geseh'n
er fliegt mit vielen um die Wette
doch im Wald riecht man schon das Vergeh'n!

Auf einmal kommt eine kalte Nacht
der Schmetterling war nur für den Sommer geschaffen
er taumelt zu Boden, hebt nur einen Flügel
muss er die schöne Erde verlassen!

Die Natur schenkte ihm ein schönes Jahr
den Frühling, den Sommer, den Herbst, nicht den Winter
er muss nun geh'n für ein neues Schmetterlingsjahr
im nächsten Frühling wird gewiss es wahr!

Drei Kirschen

Helga war auf dem Heimweg von der Arbeit. Sie fuhr auf einer kurvenreichen Landstraße und kam zu einem Dorf. Es war Frühlingszeit, rechts und links säumten schlanke weiße Birken den Weg. Helga hielt das Auto an und ging ein Stück zu Fuß. Sie hatte ab heute Urlaub und Zeit, viel Zeit. Die Birkenbäume zeigten schon ein zartes Grün an den Zweigen. Ein ganz besonderer Duft drang zu Helga hin. Die Häuser lagen rechts und links an der Straße, das war besonders schön. Vor einem weißen Haus blieb sie stehen. Am Gartentürl war ein Schild angebracht: „Zu verkaufen." Helga sah nebenan einen großen Garten, ein wenig verwildert, doch gerade das verlieh ihm etwas Besonderes. Wie ein Blitz durchdrang sie der Gedanke, dass dies das Haus ist, nach dem sie schon lange gesucht hat. Sie beschloss es, dem Josef zu sagen. Gemeinsam sollten sie entscheiden.

Noch am gleichen Tag standen Josef und Helga gemeinsam vor dem Haus. „Wollen wir den Besitzer fragen, ob der Preis stimmt? Und wollen wir uns das Haus innen ansehen?", fragte Helga. „Mir gefällt ganz besonders gut der Garten, der würde mein Reich werden." Der Besitzer zeigte den beiden das Haus und den Garten. Der Preis, den er verlangte, stimmte. Beide schlugen kurzentschlossen zu, das Haus gehörte ihnen.

Nun war großes Renovieren angesagt. Josef hatte gute Freunde und auch er selbst legte am Wochenende mit Hand an. Helga hatte eine Woche Urlaub und fing mit dem Garten an. Wollte sie im Herbst ein wenig ernten, war es höchste Zeit dazu. Helgas großer Wunsch war ein Kräuterbeet. Sie suchte sich eine schöne Stelle aus und begann mit dem Umgraben. Dann warf sie einen Blick über den Zaun, dort lag ein großer Berg Steine. Sie waren gewiss vom angrenzenden Feld. Mit dem Schubkarren holte Helga die schönsten Steine und umrandete das Kräuterbeet. Dann ging sie den ganzen Garten ab und prüfte Bäume und Sträucher –

sie entschied, welche noch weg mussten und welche bleiben konnten. Hinten in der Gartenecke stand ein alter Apfelbaum, der blühte über und über, der durfte bleiben. Ein kleines Kirschbäumchen schnitt sie zu. Nah am Gartenzaun stand ein Ginkgo-Busch. Die hellgrünen Spitzen der Blätter taten es Helga besonders an, den liebte sie sofort. Als sie mit Josef am Sonnabend im Garten stand, sagte sie: „Josef, hilfst du mir, die dürren Sträucher auszugraben? Und fährst du dann später mit mir zum Gartencenter? Ich brauch' Kräuter, viele Kräuter." Dort bekam sie einen guten Preis weil sie, so viele Büschchen kaufte. Josef entfernte alles, was weg musste und Helga pflanzte mit großem Eifer. Der Kräutergarten war fertig, doch sie brauchte noch mehr Steine und machte sich mit dem Schubkarren auf den Weg. Da stand eine Frau neben ihr und meinte: „Ich bin die Maria, ihre Nachbarin, uns gehört auch das Feld nebenan. Schön machen Sie den Garten. Wenn Sie noch mehr Steine brauchen: hinter unserem Schuppen liegt ein noch größerer Berg." „Ich bin die Helga, danke für ihr Angebot, wenn ich einmal Rat brauche, werde ich kommen." „Das würde mich freuen", antwortete Maria. „So nette und fleißige Nachbarn hatten wir noch nie." Helga lachte und hatte ein großes Heimatgefühl.

Haus und Garten nahmen Formen an, in zwei Wochen konnten sie einziehen. Helga ging mit Josef durch den Garten, alles grünte und blühte. Helga hatte vieles mit Steinen umrandet, es war sehr schön. Beide beschlossen eine Radtour zu machen, um die Gegend kennenzulernen. Auf einem kleinen Bankerl lehnten sich beide zurück und ließen sich von der Sonne berieseln. Da sah Helga viele kleine Birkenbäumchen, die sich im Wind wiegten. „Birken", murmelte Helga, „Birken haben mich in das Dorf geführt. Josef, bitte, ich muss so ein kleines Bäumchen haben, es kommt direkt neben unser Gartenhäuschen." Josef sah den Blick von Helga. Wer konnte dem wohl widerstehen? „Bleib sitzen", sagte er. „Ich hol Werkzeug." Da Josef jeden Tag nach der Arbeit viele Kilometer Laufen ging, war er auch mit dem Rad schnell wieder da. Josef grub das Bäumchen aus, das Helga ausgesucht hatte, und band es am Fahrrad fest. Es war aber fast drei Meter groß und Josef hatte große Mühe, es heim zu bringen. Einmal löste sich die Schnur und Josef und der Baum wären beinahe im Straßengraben gelandet. Als das Bäumchen schließlich an seinem Platz im Garten stand, sagte Josef zu Helga: „Das kostet so viele Busserl, bist du keine Luft mehr bekommst. Hoffentlich fällt dir nicht noch etwas ein!"

Helga und Josef waren eingezogen, es war ein sonniger Tag. Als Helga ein wenig Zeit hatte, ging sie in ihren geliebten Garten. Die Blumenzwiebeln waren alle aufgegangen, es war ein wunderschönes Blütenmeer. Sie ging zum Kräuterbeet. „Wie das alles gut gewachsen war", dachte sie. Helga hatte viele Kräutersträuße gebunden, zum Trocknen für den Winter. Alle paar Tage gab es frische Kräuter über den Salat. Knackige Radieschen, ein Steak, was wollte Helga mehr. Als Helga wieder einmal in den Garten kam, standen drei Frauen aus dem Dorf vor ihr. Sie grüßten sich und Helga schenkte den ihnen Kräuter, die sie nicht hatten. Am anderen Tag kamen die Frauen wieder und brachten Helga einige Kräuter, die sie nicht in ihrem Garten hatte. So entstand eine Freundschaft. Josef stand dabei und freute sich darüber. „Und wozu ist der Ginkgo-Busch nützlich, weil du ihn so besonders hegst und pflegst?" „Der hilft gegen alles, seine Blätter kommen später dran", antwortete sie. Als sie wieder einmal in den Garten kam, sah Helga, dass ihr Ginkgo-Busch kahl war. „Josef", rief Helga, „mein Ginkgo-Busch geht ein, er hat keine Blätter mehr." „Wachsen die Blätter wieder nach?", fragte Josef leise. „Gestern waren ein paar Nachbarn bei mir und jeder hatte ein anderes Wehwehchen. Da haben wir fast alle Blätter abgezupft und sie haben sie gleich gegessen. Ist das schlimm, Helga? Du gibst den Frauen doch auch Kräuter." „Hättest den Männern Pfefferminzblätter gegeben, diese wuchern auf dem Kräuterbeet", meinte Helga. „Ich hoffe, mein Ginkgo Busch erholt sich wieder!"

Nun beschlossen Helga und Josef, ein Fest für ihre beiden Familien zu halten. Es war ein Sonntag, als alle im Garten standen. Helga und Josef hatten einen langen Tisch gedeckt und Helga hatte zwei große Obsttorten gebacken. Nach dem

Kaffeetrinken wurden Haus und Garten bestaunt. Die beiden Mütter waren sich einig, dass das Haus war ein Schmuckkästchen war. Dann kam der Garten dran. Helga versprach, jeder Mutter einen Blumenstrauß mit nach Hause zu geben. „Die Äpfel sind klein", sagte Helgas Mutter, „aber es sind viele, das gleicht sich wieder aus. Doch das Kirschbäumchen trägt heuer nichts." „Was heißt da nichts?", fragte Helga und hob ein paar Blätter - darunter hingen drei Kirschen. „Oh, so viele Josef", sagte dessen Bruder. „Soll ich zur Ernte kommen? Nicht dass du es nicht schaffst." Dann folgte Gelächter, alle hatten gute Laune. Die Zeit ging schnell vorbei und beide Familien machten sich auf den Weg. Sie versprachen, bald wiederzukommen.

Helga und Josef räumten auf, Helga machte dann eine Runde durch den Garten, so wie sie es alle Tage tat. Sie bemerkte, dass der Ginkgo-Busch kleine frische Blätter bekam und sie freute sich. Sie sah in jeder Ecke im Garten nach dem Rechten und ging am Kirschbäumchen vorbei. Sie hob die Blätter von vorhin hoch – doch die drei Kirschen waren weg. „Das kann doch nicht sein", dachte sie sich. Niemand von ihren Lieben hatte sie abgepflückt. Sie ging ins Haus, vergaß aber, die Kirschen zu erwähnen, weil sie mit Josef viel zu bereden hatte. „Ich bin so müde, ich geh' heute früh schlafen." Josef antwortete: „Geh' nur, ich komme gleich nach." Josef betrat das Zimmer, Helga lag im Dunkeln. Josef drehte das Licht an und fragte sie: „Warum hast du kein Licht gemacht?" „Weil ich so zufrieden bin, ich hab nur nachgedacht. Wir haben ein schönes Haus, einen wundervollen Garten, wir sind gesund, ich bin so dankbar. Unsere Familien haben sich heute so mit uns gefreut. Gibt es etwas Schöneres, Josef?" „Nein Helga, es gibt nichts Schöneres, doch zum Abschluss des schönen Tages wollen wir beide ein Festmahl halten. Heb doch das Tuch von dem kleinen Teller auf deinem Nachttisch ab." Helga nahm das Tuch weg - und da lagen die drei Kirschen: reif, rot und saftig. „Und die lassen wir uns jetzt schmecken, die gehören nur uns beiden. Denn die drei Kirschen können wir leider nicht mit unseren Familien teilen!"

Sonnwendfeuer

Wenn der Frühling zieht ins Land
freu'n wir uns alle voller Wonne
endlich bricht des Winters Macht
es ist länger hell, es siegt die Sonne!

Jeden Tag spürt man ihre Kraft
alles wird wachsen, alles sprießen
in Gärten, in Fluren üppig es grünt
auch Regen soll uns nicht verdrießen!

Dann kommt der allerschönste Tag
da strahlt die Sonne, kurz ist die Nacht
Menschen tanzen, zünden Feuer an
bis in den Morgen sie keiner halten kann!

Sonnwendfeuer leuchten von allen Bergen
Mädchen und Burschen stehen im Kreis
wenn die Glut schwächer, springen sie drüber
lachen und jauchzen voller Freud!

Schon manches Pärchen hat sich so gefunden
durch Lachen und Tanzen in der kurzen Nacht
die Sonne steht noch lang am Himmel
das ist ihr Tag, ist ihre Pracht!

Die Menschen danken vor allen der Sonne
sie denken nicht daran, dass nun länger die Nacht
heut' sind sie fröhlich, es verschwinden die Sorgen
der Herr wird es schon lenken, es gibt ein Morgen!

Sie war wie ein Bub

„Wieder ein Mädchen", meinte Marie, die Hebamme, und drückte Hans, dem Lachnerbauern, das kleine Bündel in den Arm. „Kathy meint, du sollst sie dir genau ansehen. Sie sei dir wie aus dem Gesicht geschnitten und ich kann das nur bestätigen. Schau Hans, welche Fäuste die Kleine macht, die wird einmal fest zupacken. Und erst ihre Stimme, die schreit den ganzen Hof zusammen!" Hans lachte und ging ins Nebenzimmer zu seiner Frau Kathy. „Bist enttäuscht, Hans, dass es wieder ein Mädchen ist?", fragte Kathy. „Aber nein", sagte Hans, „Hauptsache, sie ist gesund." Unter der Tür stand seine Mutter, an jeder Hand hatte sie ein Mädchen. „Kommt Mutter, Kathrin und Elisabeth, ihr dürft das kleine Mädchen begrüßen." Die beiden Geschwister streichelten sanft die kleinen Fäustchen. „Na?", fragte Kathy, „gefällt sie euch beiden?" Kathrin, die ältere, sagte: „Ich hätt' schon ein Brüderchen gewollt!" Elisabeth meinte: „Ich mag ein Schwesterchen, ich will auch bald mit ihr spielen." Die Mutter streichelte Kathrin über den Kopf und sagte: „Ist alles gut, haben wir halt drei Mädchen." Marie, die Hebamme, bemerkte dazu: „Werdet sehen, an der Kleinen ist ein Bub verloren gegangen!"
Und wie die Hebamme recht hatte. Als Regina ein Jahr alt war, wollte sie lieber einen Traktor als eine Puppe in ihrem Bett haben. Regina war wirklich anders als Kathrin und Elisabeth. Wenn sie einmal nicht bekam, was sie wollte, schrie sie solange, bis sie es bekam. Mit zwei Jahren wuselte sie hinter den Hühnern her und lockte sie in den Stall zum Schlafen. Wenn Vater mit dem Traktor kam, lief sie barfuß zu ihm in die Scheune. Kein Schmutz störte sie, und wenn der Vater Regina auf den Sitz hob, lachte sie ihn glücklich an. Unter Anleitung der Oma fütterte Regina die kleinen Kälbchen. Neben der Haustür stand ein Korb mit der Katzenmutter und den Jungen. Regina durfte jedes Kätzchen auf den Arm nehmen und die Katzenmutter schnurrte

dazu. Alle Tage war Regina im Stall und streichelte jede Kuh. Wenn sie schmutzig aus dem Stall kam und die Mutter ein wenig schimpfte, lachte sie. Oft nahm der Vater sie auf dem Traktor mit zur Wiese. Da jauchzte Regina und meinte: „Papa, wenn ich groß bin, werd' ich ein Bauer wie du!" Hans lachte Regina an und sagte: „Da ist noch lange hin, erst kommst du in die Schule!"
Die Schule war für Regina ein schlimmes Wort. Sie hörte darüber von Kathrin und Elisabeth. Dort musste man sauber angezogen sein, still sitzen und lernen. Regina lief ins Kinderzimmer, sah die schönen Blümchenvorhänge und zog an ihnen, dass sie beinahe herunterfielen. Unter dem Bett von Kathrin stand eine Kiste mit Büchern aller Art. Elisabeth hatte eine ganze Kiste voll mit Puppen. Regina zog ihre Kiste hervor, die übervoll mit Stofftieren war - und dazwischen lag ein gackerlgelber Traktor. Liebevoll nahm Regina ihn in den Arm und schlief mit zornigen Tränen ein. Regina schlief ganz schlecht und es dämmerte, als sie aufwachte. Kathrin und Elisabeth schliefen noch fest. Da schlich Regina im weißen Nachthemdchen und barfuß in die Scheune. Dort stand ihr heiß geliebter Traktor. Sie strich über die großen Räder und dann die blonden Locken aus dem Gesichtchen. Regina merkte nicht, dass sie überall schwarze Flecken hatte. Dann kletterte sie auf den Sitz und spielte am Lenkrad. „Wenn ich groß bin", meinte sie, „dann gehörst du mir!" „Und mit was soll ich fahren?", fragte der Vater, der gekommen war, nachdem er in der Scheune ein Geräusch gehört hatte. „Oh Papa", sagte Regina, „ich mag den Traktor so gern, lass uns auf die Wiese fahren." Hans zog Regina einen alten Pullover über und trug sie in die Küche. „Kathy", sagte Hans, „Regina hat eine Großreinigung nötig, sie war wieder in der Scheune." Kathy wollte gerade schimpfen, als Regina sie mit unschuldigen Augen ansah und sagte: „Ihr wolltet doch einen Buben - und die dürfen schmutzig sein." Da konnte Kathy nur lächeln und steckte die zappelnde Regina in die Wanne.
Wieder war ein Jahr vergangen und Reginas erster Schultag rückte immer näher. Kathrin hatte am Schuljahresende lauter Einser im Zeugnis mitgebracht. Elisabeth war auch fleißig

gewesen, doch besonders in Handarbeit war sie die Beste in der Klasse. Die Ferien waren bald zu Ende und alle drei spielten miteinander. Zumindest dann, wenn Kathrin nicht gerade in eines ihrer Bücher vertieft war. Und Elisabeth strickte und häkelte, was das Zeug hielt. Regina war dabei überflüssig, doch sie fand immer etwas, was sie mochte. Hinterm Haus gleich neben der Scheune stand ein alter Birnbaum. Er neigte sich schräg zum Dach hin, um dort Schutz zu suchen. Zur Zeit trug er Birnen über Birnen. Die neben dem Dach musste man abfallen lassen, sie waren schlecht zu erreichen. Aber nicht für Regina: Sie hatte gerade nichts besseres zu tun. Mutter hatte ihr vorhin das schöne Kleidchen gezeigt welches Regina zum Schulanfang tragen sollte. Nun musste sie etwas machen um nicht an die Schule zu denken. So stand Regina in der Scheune und lehnte eine Leiter an die Dachluke. Oben angekommen, sah sie hin zum Birnbaum. Regina hatte sich ein Futtersäckchen umgebunden und schaute aus der Luke. Die schönsten Birnen hingen neben ihr. Da lachte Regina in sich hinein und begann zu pflücken. Ein Beinchen hatte sie drinnen, eines draußen. Das Futtersäckchen wurde immer schwerer und Regina wollte gerade aufhören, als sie das Übergewicht verlor und vom Dach rutschte - geradewegs auf den Misthaufen. Regina war sanft gefallen und kroch auf allen Vieren ins Gras. Kathrin und Elisabeth, die Ball spielten, hörten Reginas Schrei und zum Misthaufen. Da lag Regina im Gras, über und über mit Dreck bedeckt. In den in Beiden erwachte die Geschwisterliebe. Wie aus einem Mund fragten sie: „Hast du dir wehgetan? Kannst du aufstehen?" „Und ob", rief Regina lachend. „Alles noch dran, aber wo sind meine Birnen?" Das Säckchen lag im Gras und die Birnen verstreut auf der Wiese und auf dem Misthaufen. Kathrin sagte: „So kannst du dich nicht von der Mutter sehen lassen, sie wird böse schimpfen!" Ohne darüber nachzudenken, dass auch sie schmutzig werde würden, zerrten sie Regina in das Waschhaus. Kathrin und Elisabeth füllten eine Wanne mit Wasser und mit spitzen Fingern zog Kathrin Regina aus. Dann legte sie die ganze Kleidung ins Wasser und gab Schmierseife dazu. Elisabeth nahm einen Schwamm und rieb

Regina damit sauber. Regina gefiel das alles so gut, dass sie laut lachte. Da stand plötzlich die Mutter vor den Dreien und sie begannen, alles durcheinander zu erzählen. Was sollte sie da sagen? Sie halfen so schön zusammen, das war nicht immer so. „Komm Regina", sagte die Mutter, „du musst in die Badewanne, du brauchst eine Flasche Duft, damit der Mistgeruch vergeht." „Und wenn ich weiter nach Mist rieche, brauch ich dann nicht zur Schule?", wollte Regina wissen. „Das könnte dir so passen", meinte die Mutter. „Bis dahin kannst du noch ein paar Mal baden. Es soll dir auch recht schwer fallen, das Stillsitzen in der Schule. Das ist dann deine Strafe!" „Dann werde ich so schnell lernen, dass die Schulzeit bald vergeht", sagte Regina. Ich setz' mich auf Vaters Traktor und zeig euch, was ich kann. Ihr wolltet doch einen Buben und das bin ich!"

Herbstzauber

Weißer Dunst liegt über den Boden
Nebelschleier verhindern der Sonne Licht
ganz leis' ruft nur ein Vogel
alles andere Leben hört man nicht!

Silberweiß wie angereihte Perlen
glänzt im Morgentau das Netz der Spinne
ich geh' durch den Wald
bei dem Netz ich staun' und halte inne!

Gelbe Blätter liegen auf des Waldes Boden
schauen aus wie bunte Stückchen Mosaik
weiche Beeren liegen verstreut dazwischen
ihre Zeit der Reife liegt schon lang zurück!

An einem Hang versperren zarte Fäden den Weg
ein Schritt und ich spür die Schnur in der Hand
hab' ich zerstört das feine Weben
ich bin traurig um das zerrissene Band!

Meine Füße treten in feuchtes Moos
jeder Schritt lässt mich Wunder erblicken
Tautropfen liegen in des Waldes Schoß
jeder Augenblick lässt mich entzücken!

Die Sonne scheint schräg durch die Bäume
mir ist als schreit' ich durch einen Zauberwald
mög' doch das Wunder noch lange bleiben
der goldene Herbst in Märchengestalt!

Das Waldkind

Es war im Jahr 1950. Auf einem großen Marktplatz in der Oberpfalz reihte sich Laden an Laden. Nach der schlechten Zeit und der Geldentwertung rappelten sich alle Leute wieder auf. Doch fast jeder musste den Pfennig umdrehen, ehe er ihn ausgab. Alle waren ans Sparen gewöhnt, langsam ging es aufwärts. Es war am frühen Morgen, Christine, ein Mädchen von zwanzig Jahren, öffnete wie jeden Tag die Ladentür. Christine war den Eltern eine große Hilfe, ihr Vater war nicht in guter Verfassung. Die Eltern wussten, dass ihre Tochter eine gute Verkäuferin war. Es war ein sogenannter Kramerladen, denn dort bekam man alles, was man zum Leben brauchte. Christine atmete die gute Morgenluft ein und wollte gerade wieder in den Laden gehen. Da kam ein Mädchen, so ungefähr in Christines Alter, mit einem Rad daher. Christine konnte sich das Schmunzeln nicht verkneifen, so ein altes Vehikel hatte sie schon lange nicht mehr gesehen. Das Mädchen betrat den Laden und kaufte ein. Da sagte Christine: „Wo kommst du her? Ich hab dich noch nie gesehen." „Ach", seufzte das Mädchen, „meine Eltern und ich haben schon einen langen Weg hinter uns. Nun haben wir endlich einen guten Platz gefunden. Ich bin ein Flüchtlingsmädchen aus Böhmen und wir wohnen in dem Dorf gleich hinter dem kleinen Wäldchen. Übrigens, ich heiße Resi, wir werden uns wohl öfters sehen!" Die beiden Mädchen gaben sich die Hand und ein Funke Sympathie sprang über. Resi meinte: „Christine, du hast einen wunderschönen Korb, so einen hab' ich noch nie gesehen!" „Den Korb meinst du? Solche macht mein Vater, er hat sie schon drüben in Böhmen geflochten. In unserem neuen Zuhause haben wir Körbe in allen Größen!" „Resi, was sagst du dazu: Bring mir morgen Körbe mit und ich versuch', sie zu verkaufen." „Das würdest du machen, Christine? Wir können jeden Pfennig gebrauchen!" Da sagte Christine: „Abgemacht, du kommst morgen vorbei und die Sachen, die du heute gekauft hast, schenk' ich dir. Was das Geld für die Körbe betrifft - da werden wir uns schon einig. Ihr habt eure Heimat verloren, da will ich helfen, dass ihr euch bei uns wohl fühlt!"

Das war der Beginn einer wunderschönen Freundschaft. Beide Mädchen entdeckten, dass sie Gleiches mochten und Böses verabscheuten. Immer wenn Resi mit den voll bepackten Rad zu Christine kam, hatten die Beiden erst etwas zu lachen. Christine meinte: „Resi, einmal kracht das alte Vehikel zusammen und du landest mit den Körben auf der Straße." Das hatte das Rad wohl gehört – es war trotz seines Aussehens noch stabil. Christine hatte der Resi schon drei Körbe für die Oma, die Mutter und für sich selbst abgekauft. Die anderen Leute mochten plötzlich auch die Körbe und so fuhr Resi jede Woche in die Stadt. Sie war überglücklich, wenn sie auf dem Heimweg Geld in der Tasche hatte. Das heißt, immer kaufte sie Sachen dafür ein, welche die Familie brauchte. Der Vater saß jeden Tag am Korbflechten und konnte gar nicht genug herstellen.

Es waren ein paar Wochen vergangen und Resi flitzte wieder zu Christine in den Laden. An diesem Tag lud Resi Christine für den folgenden Sonntag zum Kaffee ein, ihre Mutter hatte Geburtstag. Christine sagte zu. Bald stand sie in dem Dorf vor einem schönen alten Bauernhof. Resis Eltern begrüßten Christine, als würden sie sie schon lange kennen. Christine schenkte Resis Mutter einen Blumenstrauß - diese freute sich sehr darüber. Da kam Resi mit einer netten Bäuerin und sagte: „Das ist unsere gute Müller-Mutter, ohne sie hätten wir kein so schönes neues Zuhause." Zwei gute graue Augen lächelten Christine an. „Zuerst war mir Angst und Bange, als ich Flüchtlinge aufnehmen sollte, doch jetzt würd' ich sie nicht mehr fortgehen lassen", sagte die Müller-Mutter. „Ich hab' fast keine Arbeit mehr, der Hof ist sauber und wir verstehen uns gut." Da kam aus der Scheune ein großer schlanker Bursch zu ihnen. Er gab Christine die Hand und sagte: „Ich bin der Erich und du bist gewiss die Korbverkäuferin." Es wurde ein schöner Nachmittag. Christine bemerkte, dass Resi etwas rot wurde, wenn diese und Erich Blicke wechselten. Als

Christine dann allein mit der Resi war, sagte sie; „Das nächste Mal wenn ich zu euch komme, ist gewiss Hochzeit!"

Es war wirklich so, bald fand die Hochzeit statt. Es war kein so großes Fest wie es heute üblich ist, doch alle waren glücklich und zufrieden. Am glücklichsten war die Müller-Mutter. Resi war fleißig, sparsam und arbeitete den ganzen Tag. Der Bauernhof war groß genug: die Müller-Mutter wohnte weiterhin unten, Resis Eltern ganz oben und im ersten Stock hatten sich Resi und Erich ihre neue Wohnung eingerichtet. Resis Vater bekam vom Bürgermeister eine Stelle als Hausmeister und nach dem Feierabend kümmerte er sich ums Korbflechten. Resis Mutter war die Arbeit auf dem Feld und den Wiesen lieber als die im Haus. Erich hatte Resi ein neues Rad geschenkt, denn das alte Vehikel hatte nun endgültig ausgedient. Resi war geschickt im Stricken und Christine verkaufte alles, was sie brachte. So hatte jeder seinen Platz und seine Aufgabe gefunden.

Es war im Herbst, als Resi wieder einmal mit Körben und Strickwaren zu Christine in den Laden kam. „Aber Resi", sagte Christine, „wie kannst du in deinem Zustand noch Rad fahren?" Resi lachte: „Ist schon gut, es sind ja noch ein paar Wochen bis zur Geburt, mir geht es gut." Nach einiger Zeit meinte Christine; „Resi, bist du mir bös', wenn du diesen großen Korb wieder mit nach Hause nimmst? Die Kunden wollen lieber kleine Körbe." „Aber Christine", antwortete Resi, „wie soll ich dir böse sein? Den bring ich im Dorf schon los. Weißt du was, ich soll doch nicht mit dem Rad fahren, da geh' ich die paar Kilometer zu Fuß. Laufen ist doch gesund und vielleicht find ich im Wald ein paar Pilze, dann mach ich den ganzen Korb voll. Mein Rad soll dann der Erich abholen!"

Den Korb schwenkend machte sich Resi auf den Heimweg. Es war ein wunderschöner Herbsttag, die Sonne zauberte Strahlen auf die vielen bunten Blätter an den Bäumen. Die Vögel sangen und Resi summte ein lustiges Lied dazu. In einer Kurve sah Resi von weitem schon eine ganze Steinpilz-Familie. Resi sah nur die Pilze und bemerkte dabei nicht die Wurzel direkt vor ihr. Sie stolperte und fiel der Länge nach hin. Es dauerte eine ganze

Weile, bis Resi sich aufrappelte. Da durchfuhr sie ein Schmerz, der nicht mehr aufhörte und immer wieder kam. Sie war mutterseelenallein im Wald und kämpfte mit den Schmerzen. War es ihr Schrei oder der des kleinen Erdenbürgers? Resi lag auf dem Waldboden und ihr Kindl neben ihr. Sie zog die Schürze aus und wickelte ihren kleinen Buben sorgfältig ein. Neben Resi stand der Korb, der genau für ihr Kindl passte. Dreimal hielt sie sich an einem Baum fest, ehe sie aufstehen konnte. Resi biss die Zähne zusammen und ging ganz langsam den Weg nach Hause, sie hatte ja nicht mehr weit. Resis Mutter und die Müller-Mutter standen angstvoll unter der Hoftür, weil Resi so lange nicht gekommen war. Mit beiden Händen hielt sie den Müttern den Korb mit dem kleinem Kindl entgegen und setzte sich schweißnass auf eine Bank.

Es war ein sonniger Herbsttag, als Christine mit dem kleinen Buben auf den Arm in der Kirche stand. Christine war so stolz, dass sie Patin sein durfte. Resi hatte zuvor zu ihr gesagt: „Unser kleiner Bub soll Christian heißen! Unser Jesuskind wurde in einem Stall geboren und mein Bub im Wald. Ich will den Buben zu einem guten Menschen erziehen, weil das Christkindl im Wald so gut auf ihn aufgepasst hat!"

Ein kleiner Weiher

Weißer Nebel liegt über dem kleinen Weiher
es ist schon hell, verschlafen torkelt ein Reiher
der Wind weht über schlanke Birken am Rain
ihr zartes Grün glänzt bis ins Wasser hinein!

Nun ist es hell, ein Entenpaar verlässt das Nest
die Jungen tummeln sich um sie
sorglos schwimmen auf den Schilf sie zu
sie lernen tauchen und das mit Ruh!

Ein winziger Sonnenstrahl tanzt auf dem Wasser
er lässt es glitzern im Morgenwind
eine Lerche überfliegt den kleinen Weiher
ihr Zwitschern bis in den Himmel dringt!

Ich sitz' am Ufer, spiel' mit dem Sand
Genieß' die Ruhe des beginnenden Morgens
meine Gedanken malen Bilder
hier kann ich denken, ganz ohne Sorgen!

Wird es meinen kleinen Weiher immer geben
wird jedes Jahr ein Frühling werden
ich verjag' die dunklen Gedanken
Gott wird es schon lenken auf dieser Erde!

Zufrieden geh' ich den Kiesweg weiter
hinter mir ist nun viel Leben am Weiher
auch die Sonne beginnt, alles zu erwärmen
und am Heimweg beginnt mein Herz zu schwärmen!

Lustige Fahrt

Auf einem Hang unweit einer Stadt stand ein großer schöner Bauernhof. Er war umgeben von saftigen Wiesen und Feldern. Die Leute, die darin wohnten, waren fleißig und es gedieh alles prächtig. Der älteste, der Hannes, bewirtschaftete mit der Mutter den Hof. Viele moderne Maschinen halfen ihm, alles zu schaffen. Zwei Buben hatten sich in der Stadt eine Existenz geschaffen und waren verheiratet. Das einzige Mädchen war verheiratet und wohnte weiter entfernt. Es war immer ein großes Fest, wenn die zwei Buben und das Mädchen mit all den Enkeln zum Geburtstag der Mutter kamen. Da war Leben auf dem Hof und alle verstanden sich gut. Da war noch ein Nachzügler, der Flori, er spielte mit den Kindern und alle mochten ihn gern. Als sie beim Kaffee saßen meinte der Flori: „Es ist nun Zeit es euch zu sagen, ich will studieren, ich geh' nach Regensburg." Alle fanden seine Entscheidung richtig.

Es war zur Herbstzeit, in diesem Jahr war es ungewöhnlich heiß gewesen. Die Felder waren abgeräumt, Hannes war zufrieden. Da sagte die Mutter zu Hannes: „Könntest dir ein paar Tage Ruhe gönnen und zum Flori nach Regensburg fahren." Hannes war einverstanden und Mutter packte einen Korb voller guter Sachen für den Flori ein. Besonders seine Lieblingsspeise, eingelegte Heringe. Sie legte noch ein Säckchen neue Kartoffeln dazu, da würde der Flori sich freuen. Nun stand Hannes vor dem Studentenwohnheim und las die vielen Namensschilder. Als er auf die Klingel gedrückt hatte, öffnete ihm ein nicht gerade großer Bursch. „Grüß Gott", sagte dieser. „Du bist gewiss der Hannes. Ich bin der Girgl, der Mitbewohner von Flori." Da kam auch schon der Flori und die beiden Brüder begrüßten sich herzlich. Sogleich wurden Kartoffeln aufgesetzt, wobei fast alles der Girgl machte. Er stellte Hannes ein Bier hin und sagte:

„Komm, lass uns anstoßen, ich freu' mich, weil ich Floris Bruder kennenlernen kann.

Flori und Girgl ließen sich die Heringe gut schmecken. Da klopfte es an die Tür. Zwei Burschen kamen herein und einer von ihnen, der Toni, sagte: „Wir haben durch die Tür gerochen, dass es bei euch etwas Gutes gibt." Flori meinte: „Setzt euch her, das ist mein Bruder Hannes und der hat einen Korb mit guten Sachen mitgebracht. Heringe haben wir keine mehr, aber wie wäre es mit Geräuchertem und Bauernbrot?" Der Toni und der Franzl ließen sich nicht zweimal bitten. „Weißt Hannes, jeder von uns bekommt mal was von zu Hause. Dann teilen wir gerecht, wir sind doch Freunde." Es gab viel Lustiges zu erzählen, wobei Girgl immer das letzte Wort hatte. Der Flori meinte nur: „Girgl ist der Kleinste, doch im Wissen der Größte." Da sagte der Girgl: „Napoleon war auch nicht groß und doch ist was Großes aus ihm geworden." Da bemerkte der Franzl: „Girgl, jetzt müssen wir dich vom Sockel holen, sonst wirst noch größenwahnsinnig." „Trinken wir auf unseren Girgl", meinte der Toni, „der ist schon recht." „Muss erst Bier holen, es ist keines mehr im Haus", antwortete der Flori. „Ich wüsste schon, wo es gutes Bier gibt, auf dem Gäubodenfest in Straubing. Da möchte ich schon lange hin." „Sollst ein Gäubodenbier haben Flori", sagte der Hannes. „Ich fahr euch alle hin. Hab aber nur einen VW Käfer, wird schon werden!"

Wie es in so einem Studentenwohnheim ist, blieb nichts geheim. Als Hannes beim Auto wartete, kamen sieben Burschen an. Hannes blieb der Mund offen stehen und er fragte sich, wo er die alle unterbringen soll. „Mach den Mund zu, Hannes", sagte der Girgl. „Sonst fliegt ein Vogel hinein." „Und ihr", meinte Hannes, „habt alle einen Vogel!" Der Toni sagte: „Wir sind doch alle Floris Freunde, wann kommen wir schon mal auf das Gäubodenfest?" Der Franzl sagte: „Die zwei vom Nachbarzimmer sind dünn wie eine Bohnenstange." „Und ich", meinte der Girgl, „pass überall hin, wenn es sein muss auch oben drauf." Da setzten sich vier Burschen nach hinten, die zwei Bohnenstangen neben den Hannes, und der Girgl legte sich auf

Beine der vier Burschen. „Wenn das mal gut geht", meinte der Hannes und fuhr los.

Es wurde eine lustige Fahrt. Am Anfang sangen sie ein Lied nach dem anderen, doch dann ging das Jammern los. Girgl sagte: „Toni, dreh dich ein wenig, mir tut mein Hühnerauge weh." „Und mir", meinte der Franz, „sind die Füße eingeschlafen." „Dann schlaf halt auch ein", sagte der Hannes. „Ihr habt es so gewollt!" „Ist schon gut", meinte der Flori, „tust etwas Gutes für uns arme Studenten." Die zwei Burschen neben Hannes machten sich noch dünner, als sie eh schon waren und sagten nichts. Hannes fuhr auf Schleichwegen und kam gut in Straubing an. Er fuhr in die Nähe des Festplatzes und meinte: „Alles aussteigen, auf den Parkplatz fahr' ich nicht, ich lass mich doch nicht von der Polizei erwischen." Einer nach dem anderen kroch aus dem Auto, dann legten sie sich ins Gras und streckten die Beine aus.

Wie erschlagen saßen sie an einem freien Tisch - nur Hannes war guter Dinge. Als eine fesche Bedienung nach ihren Wünschen fragte, sagte Hannes lachend: „Eine Maß Bier für alle und Leberkäs mit Brezn." Nun war auf einmal Leben in der Clique, sie hörten von allen Seiten Musik und frohes Lachen. Nach der Brotzeit ließ sich Hannes breitschlagen und sie zogen von Bahn zu Bahn. Hannes steckte Flori einen Geldschein zu und sagte: „Macht damit was ihr wollt, ich geb' auf so was nichts, ich schau' lieber vom Tisch aus zu." Alle nickten Hannes dankbar zu und schon waren sie in der Menge verschwunden. Hannes nahm einen großen Schluck Wasser aus seinem Glas, da legte jemand die Hand auf seine Schulter. Zwei lachende Augen blickten ihn an: „Ja Hannes, was machst denn du auf dem Gäubodenfest? Wie geht es dir? Erzähl von daheim." Benno hatte vor vielen Jahren geheiratet und war nach Regensburg gezogen. Sie hatten sich viel zu erzählen. „Was tust du in Straubing?", wollte Hannes wissen. „Wie du weißt", sagte Benno, „hab' ich eine Autowerkstadt in Regensburg, meine Tochter hat sich einen Fahrdienst eingerichtet. Wir haben ein paar Frauen hergefahren und holen diese in ein paar Tagen wieder ab. Da kommt meine Hanna, wir wollen gleich wieder zurück nach Regensburg fahren." „Seid ihr allein und habt vielleicht auch Platz im Auto?", fragte der Hannes. „Na wenn in einem Kleinbus kein Platz ist! Willst wohl mitfahren?" „Ich nicht, aber all die Freunde von Flori, meinem kleinen Bruder." „Kein Problem", sagte der Benno. „Ob der Bus leer oder voll zurückfährt, ist mir egal. Oder hast du was dagegen, Hanna?" Diese schüttelte den Kopf und da standen auch schon Flori und seine Freunde vor ihnen. Girgl erzählte, was sie alles gemacht hatten und schüttelte sich vor Lachen. Da unterbrach Hannes den Girgl und sagte: „Das ist mein Freund Benno mit seiner Tochter Hanna. Die nehmen euch in ihrem Kleinbus mit nach Regensburg. Girgl, kannst dich auf die Rückbank legen, nicht auf die Beine der anderen." „Da weiß ich einen besseren Platz", sagte der Girgl. „Ich setz' mich neben die Hanna." „Und die", meinte der Flori, „soll dich auf dem ganzen Heimweg ertragen? Die tut mir jetzt schon leid!" Girgl lachte, nahm die verdutzte Hanna an der Hand und sagte: „Wer kann mir schon widerstehen?" Da bemerkte der Flori: „Ich fahr mit Hannes zurück, ich kenn deine Späße schon auswendig." Benno sagte zu Hannes: „Wir sehen uns noch, bevor du wieder nach Hause fährst!" Benno fuhr los und Girgl winkte Flori und Hannes lachend zu. Da sagte Hannes zu Flori: „Wenn ich das alles der Mutter erzähle, die wird lachen und sich freuen. Besonders weil du hier Freunde gefunden hast!"

Am See

Zwei Schwäne ziehen ihre Kreise
mit den Federn spielt der Abendwind
sie schwimmen eilig hin zum Schilf
es dämmert, denn der Abend beginnt!

Am Horizont geht glutrot die Sonne unter
schickt ihre letzten Strahlen über den See
zauberhaft rot glänzt das Wasser
Wellen schlagen in die Höh!

Ein Mädchen sitzt träumend am Ufer
und schaut der goldenen Sonne zu
diese versinkt im grauen Dunkel
überall Stille, überall Ruh!

Der Mond erscheint langsam am Himmel
mit seiner ganzen Sternenschar
geheimnisvoll glänzt das Wasser
in seinem Licht, ganz wunderbar!

Das Mädchen schaut auf zum Sternenhimmel
herrlich leuchtet jeder Stern
das Mädchen breitet die Arme aus
„Wie schön ist die Welt, ich hab' sie gern!"

Dann geht das Mädchen zufrieden weiter
begleitet vom Mond und den Sternen
Ruhe breitet sich in ihr aus
und all das Schöne nimmt sie mit nach Haus!

Erntedankfest

Es war an einem wunderschönen Herbsttag. Ich ging das schmale Wegerl entlang, welches zu meinem Garten führte. Die Sonne blinzelte schräg vom Himmel, alle Bäume und Büsche glänzten in ihrem Licht. Vor meinen Schuhen lagen Ahornblätter in verschiedenen Farben. Ein Maler hätte sie nicht schöner zeichnen können als Meister Herbst. Nun stand ich vor meinem Gartentürl. Vorsichtig sperrte ich auf, um ja nicht das Kunstwerk einer Spinne zu zerstören. Tautropfen hingen an den Fäden, sie glänzten wie Perlen in der Morgensonne. Ich stand vor den Gemüsebeeten, gestern noch hatte meine Tochter schon einige umgestochen. Es roch so gut nach frischer Erde – ein Duft, den ich besonders gerne mochte. Erst ging ich den ganzen Garten ab und prüfte, ob alles in Ordnung war. Dann stellte ich meinen mitgebrachten Korb auf den Tisch. Dann begann ich, ihn mit dem vorbereiteten Gemüse zu füllen. Ganz nach unten legte ich zwei kleine Krautköpfe, größer waren sie heuer leider nicht geworden. An die Seite legte ich einen Bund gelbe Rüben, daneben zwei schlanke Gurken. Bohnen und Zwiebeln waren schon lange zu Hause. Ich legte noch zwei Zucchini neben die Gurken, dann rote und grüne Paprikaschoten. Ganz oben drauf kamen pralle Tomaten. Der Korb war fast voll, doch am Rand war noch Platz für ein paar bunte Zweige. Er sah wunderschön aus. Ich schloss das Treibhaus – es könnte ja einmal Nachtfrost kommen und dann wäre all meine letzte Pracht dahin. Stolz nahm ich meinen Korb und ging Richtung Kirche. Dort war heute der Festgottesdienst zum Erntedankfest.

Als ich die Kirche betrat, roch es dort wie in einem Garten. Rechts und links vom Altar lagen zwei große weiße Leinentücher. Darauf stellte ich meinen Korb ab, neben vielen anderen. In der Mitte stand wie alle Jahre die Erntekrone, gebunden aus verschiedenen Getreidesorten. Dann setzte ich mich in eine Bank. Da hörte ich das erste Mal die Kirchenglocken läuten. Ich hatte noch eine Viertelstunde Zeit, ehe der Gottesdienst begann. So ließ ich meinen Gedanken freien Lauf. Ich dachte an den Frühling. Auf dem Fensterbankerl zog ich Tomaten, Gurken und Salat groß. Meine Tochter und ich konnten es nicht erwarten, bis wir die kleinen grünen Triebe aus der Erde spitzen sahen. Nacheinander pikierte ich alle, wenn sie groß genug waren. Gabi sagte: „Ist das alles nicht ein Wunder, wie aus den kleinen Pflänzchen einmal Tomaten und Gurkenstämmchen werden?" Ich lächelte sie an und meinte: „Ja, das ist ein Wunder." Dann kam der Tag, am dem die Pflanzen groß genug waren und ich pflanzte alles in unser Treibhaus. Nun sollte es in Gottes Namen wachsen und gedeihen. Mein Sohn hatte einen eigenen Garten und wir beide wetteiferten, wer wohl das schönste Gemüse hätte. Doch bei ihm wurden Blumen groß geschrieben. Sie waren im Sommer eine echte Pracht. Schon am Gartentürl leuchteten uns die ersten Blüten entgegen. Vom Frühling bis in den Herbst war sein Garten eine Augenweide. Er war stolz darauf und das mit Recht. So dachte ich an das ganze Jahr zurück, was alles gewesen war. Da läuteten die Glocken das zweite Mal!

Meine Tochter kam in die Kirche und freute sich, dass so viele Körbe vor dem Altar standen. Durch ein Kirchenfenster fiel ein schmaler Sonnenstrahl direkt auf die unzähligen Körbe. Ich drückte Gabi die Hand und flüsterte leise: „Schau nach vorne, ist das nicht schön? Ich bin heute so zufrieden!" Laut sangen wir all die schönen Lieder mit. Nach einem besonderen Segen verließen wir die Kirche. Die Körbe neben dem Altar waren für Familien bestimmt, die viele Kinder hatten. Da standen wir nun unter guten Bekannten, ein jeder erzählte, was in seinem Korb war. Jeder war heute froh, aus seinem Überfluss anderen etwas schenken und damit eine Freude bereiten zu können.

Zufrieden gingen wir in unseren Garten, der Tag war zu schön, um gleich nach Hause zu gehen. Mittags wollten wir beide essen gehen, das machten wir alle Jahre so. Als wir uns dem Garten näherten, hörten wir von weitem schon fröhliches Gelächter. Es waren unsere Nachbarn Ilse und Ralf. Wir verstanden uns gut mit ihnen. Als Ralf uns sah, sagte er fröhlich: „Ihr beide kommt gerade recht, wir feiern heute Ilses Geburtstag. Es gibt Grillwürstchen, wir laden euch dazu ein!" Schnell ging Gabi in unseren Garten und pflückte einen bunten Blumenstrauß. Wir gratulierten Ilse herzlich. Sie freute sich so, dass sie uns beide fest drückte. Ralf machte wie immer seine Späßchen und meinte: „Ohne euch beiden hübschen Mädels würde es nur halb so schön sein." Die Tochter und der Sohn von Ralf und Ilse lachten: „Ja, unser Vater hat immer ein Kompliment parat." Da sagte Ralf zu uns beiden: „Wo kommt ihr denn her, weil ihr gar so schön heraus geputzt seid?" Ich lachte ihn an und sagte: „Weißt du nicht, was heute für ein Tag ist? Es ist Erntedankfest und wir waren in der Kirche." Ilse meinte: „Als ich damals zur Welt kam, war auch Erntedank, ich bin nämlich ein Sonntagskind. Meine Eltern waren damals überzeugt, dass ich ein Gartenmädchen werden würde. Wie recht sie behielten!" Dann wuselte Ilse um uns herum und brachte Teller und Gläser. Ralf stand am Grill und es duftete so gut, dass uns das Wasser im Mund zusammenlief. Wir lachten und prosteten dem Geburtstagskind zu, die Zeit verging schnell. Gabi half noch beim Aufräumen mit, wir bedankten uns und gingen dann in unseren Garten. Ab und zu hörten wir noch lautes Gelächter. Ralf hatte gewiss wieder Späßchen zum Besten gegeben. Wir sahen unseren Garten mit seiner blanken Scholle an. Wenn alles gut geht, sollte im Frühling wieder alles wachsen und blühen. Es war immer viel Arbeit, doch danach herrschte Zufriedenheit. Was könnte es Schöneres geben, als zufrieden sein, den Garten zu bestellen und im Herbst zu ernten? Ich dankte dem Herrgott, dass ich in unserem Garten arbeiten darf und am Ende des Jahres Erntedank feiern kann!

Danke

Der Herbst ist in meinen Garten gekommen
und hat sein Füllhorn ausgeleert
was im Frühling ganz klein begonnen
mich jetzt in großen Mengen beschert!

Eine Handvoll Bohnenkerne gab ich in ein Beet
ich hackte, ich goss sie jeden Tag
jetzt hol ich Körbchen voller Bohnen
meine Freude dran ich jedem sag!

Unter dem Vordach hängen Zöpfe mit Zwiebeln
sie warten auf das Trocknen durch die Sonne
die Köpfe von Kraut und Wirsing sind groß
und für mich und die meinen eine Wonne!

Was soll ich zu Kohlrabi und Möhren sagen
die Hälfte ist schon in der Kühltruhe verstaut
doch auf eines muss ich noch etwas warten
ich hab zwei Beete mit Kartoffeln angebaut!

Die Blumen blühen üppig am Zaun
wer daran vorbei geht, findet sie schön
im Herbst ist alles herrlich anzuschau'n
niemals würd ich satt mich seh'n!

Ich dank dem Schöpfer für die gute Ernte
denn oft war ich vom Schweiß geplagt
meine Augen leuchten, mein Herz klopft voller Freude
und mein Mund hat noch einmal „Danke" gesagt!

Vier Freunde

Franz Lehner fuhr nach Hause und in einer scharfen Kurve vor seinem Heimatdorf spürte er wieder den Schmerz in seinem Rücken. Heute war es ganz besonders schlimm und Franz legte sich zu Hause gleich hin. Er nahm eine Tablette und schlief ein. Er hörte seine zwei Brüder gar nicht kommen und es dämmerte schon, als er etwas unsanft geweckt wurde. Vor ihm stand sein Bruder Paul und jammerte vor Zahnschmerzen. „Franz", meine dieser, „fahr mich bitte nach Weiden, ich hüpf' sonst an die Decke. Ich hab' schon beim Kieferchirurgen angerufen, ich halt' den Schmerz nicht mehr aus." Vergessen waren Franz' eigene Schmerzen, nun musste Paul geholfen werden. Paul kam beim Arzt gleich daran und nach der Behandlung brachte eine Arzthelferin den wankenden Paul zu Franz ins Wartezimmer. „Sie müssen ein wenig warten, bis ihr Bruder wieder halbwegs gehen kann", sagte sie zu Franz. „Da wär' noch ein Rezept, die Apotheke ist unten im Haus, benützen sie am besten den Fahrstuhl. Und gute Besserung." Mit großer Kraftanstrengung und ohne Rücksicht auf seine Rückenschmerzen brachte er Paul ins Erdgeschoss. Gleich neben der Apotheke war eine kleine Nische. Franz lehnte Paul an die Wand und sagte zu ihm: „Ja nicht bewegen, ich komm' gleich wieder." Es war Schwerstarbeit, den Paul ins Auto zu bringen. Mit zusammengebissenen Zähnen fuhr Franz heim. Erst legte er Paul aufs Sofa, dann nahm er gleich zwei Tabletten und legte sich ins Bett.

In der Nacht hatte Franz keine Minute geschlafen. Am Morgen fuhr er sofort zu seinem Arzt. „Franz", sagte dieser, „der Bandscheibenvorfall muss schnellstens operiert werden. Die Schmerzen werden sonst nicht wieder vergehen. Wirst sehen, danach bist du wie neu!" Dann ging alles ganz schnell. Im Krankenhaus wurde er untersucht, geröntgt und anderweitig auf

Operation vorbereitet. Franz ließ alles über sich ergehen, Hauptsache die Schmerzen würden danach vorbei sein. Nach der Operation wachte Franz in einem schneeweißen Bett auf und blinzelte schlaftrunken die Schwester an. „Guten Morgen", meinte diese lächelnd, „ich werde dem Arzt sagen, dass sie wach sind." Der Arzt kam und versicherte: „Alles ist gut, in ein paar Wochen ist alles vergessen. Ich werde Sie anschließend in eine Reha-Klinik überweisen." Von Tag zu Tag ging es Franz besser. Er ging schon spazieren, rief seine Freunde an und sagte allen, dass es ihm gut ging. Da kam der letzte Tag und Paul holte Franz nach Hause. Dort lag schon das Schreiben, dass er in zwei Tagen in Bayreuth erwartet würde. Paul half Franz beim Packen und sagte: „Das werde ich dir nie vergessen, dass du mich nach Weiden gefahren hast, obwohl du selbst Schmerzen hattest." „Ist schon gut Paul", sagte Franz. „Darfst mich nach Bayreuth fahren!"

Als nach der Ankunft alle Formalitäten erledigt waren, stand Franz in einem schönen Einzelzimmer. Vom Fenster aus sah er den großen Park mit Büschen und Bäumen. Franz begab sich in den Speisesaal, wo ihm ein Platz zugewiesen wurde. Sechs Augenpaare sahen Franz neugierig entgegen. Der eine rechts neben ihm mit lustigen Augen sagte: „Ich bin der Roland aus Forchheim, ein Franke." Und der links meinte: „Ich bin der Xaver, bin halt ein bisserl rund, doch das macht das Bier. Weißt, ich bin ein Münchner." Nun sah Franz seinen Gegenüber an, der war vielleicht ein dürres Gestell: übergroß, mit Nickelbrille, aber mit sehr listigen Augen. Dieser sagte: „Ich bin der Peter, komm' aus dem schönen Schwabenländle." „Und du?", fragte Roland. „Aus welcher Ecke kommst du?" „Ich bin der Franz und komm' aus der Oberpfalz." Da brummte der Münchner: „Du bist uns grod no oganga, passt scho." Die Helfer kamen mit Wägen und brachten das Mittagessen. Es gab Rouladen, Kartoffeln und Blaukraut. „Almächt", bemerkte der Roland, „die Roulade ist so groß, die reicht von Bayreuth bis Forchheim. Peter, du musst mir wieder helfen, ich schaff' die Roulade nicht." Da fragte der Franz: „Darf ich dir auch ein Stück von meiner Roulade geben?"

„Alles her", meinte der Peter. „Wer schaffe muss, darf auch esse!" Der Xaver lachte und sagte: „Wo du dürres Gestell das nur alles hin isst. Und nix wird aus dir." „Red' nicht so lang, Xaver", erwiderte der Peter, „deine Roulade wird kalt." Alle lachten, das Eis war gebrochen.

Am nächsten Tag begannen die Anwendungen: Massagen, Schwimmen, Turnen. Beim Turnen trafen sich die Vier im Saal. Roland und Franz bekamen einen großen Medizinball. Sie machten es so gut, dass sie ein Lob bekamen. Xaver und Peter drückten sich in eine Ecke. Um drei Uhr verabredeten sich die Vier auf einer Bank im Park. Roland sagte: „Ich bin noch gar nicht müd', gehen wir ein Stück?" „Nicht mit mir", antwortete der Xaver. Das Turnen reicht schon, da komm' ich mit dem Schnaufen nicht mit." Sie einigten sich am Ende doch darauf, den ganzen Park abzugehen. Xaver durfte auf den Bänken ausschnaufen. Sie waren schon einmalig anzuschauen: der übergroße Dürre, der kleine Dicke und die zwei in der Mitte, die dafür sorgten, dass die Witze nicht ausgingen. Wo sie auch hinkamen, es wurde immer gelacht. Die Reha hatte allen gut getan, dann kam der letzte Abend vor der Heimreise. Sie saßen in einem Lokal und jeder hing seinen Gedanken nach. Roland unterbrach die Stille und sagte: „Wir müssen ja unsere Freundschaft nicht einschlafen lassen, es gibt ja ein Telefon. Oder kommt einmal zu mir, ich zeig' euch schöne Plätzla und es gibt a gouts Essn." „Oder wir treffen uns bei mir, mein Schwabenländle ist auch wunderschön, und erst die Spätzle, die mog jeda!" Da meinte der Franz: „Bei uns in der Oberpfalz gibt es Wald, viel Wald, Burgen, Ruinen und Felsen, und natürlich Karpfen oder Dotsch, Sauerkraut und Schweinebraten." „Hört bloß auf mit dem Essen", sagte Xaver. „Es gibt nur ein Oktoberfest und das ist in München. Ein Brathendl, Weißwürst, Brezen und a gscheide Maß Bier, da seids im bayerischen Himmel." Da erwiderte der Roland lachend: „Abgemacht, jedes Jahr in die Heimat eines anderen." Die vier schlugen ein und schon fing das Witzeln wieder an.

Am nächsten Tag folgte ein kurzer Abschied und jeder fuhr nach Hause. Als Franz zu Hause ankam, warteten schon die beiden Brüder und das Schwesterl auf ihn. Bis in die Nacht hinein erzählte Franz von seinen drei Freunden. Es wurde gelacht, bis alle müde waren. Am nächsten Tag fuhr Franz zu seinem Hausarzt. Dieser meinte: „Schaust gut aus, die Reha hat dir gut getan. Ich werd' dir einen Medizinball verschreiben, üb fest damit, der tut deinem Rücken gut!" Franz fuhr gleich in ein Geschäft, um den Ball zu holen. Da sagte der Verkäufer: „Wie groß wollen sie den Ball? Der größte hat einen Umfang von 85 Zentimetern." „Genau den will ich haben!" Als der Verkäufer kam und den Ball brachte, bemerkte Franz: „Den soll ich wohl mit der Luftpumpe aufblasen?" „Aber nein", sagte der Verkäufer, „das machen schon wir. Aber eine Frage: Haben sie einen Anhänger dabei? Der Ball wird groß." „Nein", meinte Franz, „es wird schon irgendwie gehen." Nun stand Franz auf der Straße – aber wie er den Ball auch drehte, er passte nicht ins Auto. Leute gingen vorbei und lachten, aber keiner half ihm. „Ich muss den Ball ins Auto bringen, koste es was es wollte", dachte er für sich. Mit Händen und Füßen drückte er das Monstrum auf den Rücksitz und fuhr nach Hause. Paul stand gerade unter der Haustür, als Franz ankam. Nun drängte sich Franz auf den Rücksitz, beide Autotüren waren offen. Mit aller Gewalt stieß er den Ball aus dem Wagen, direkt Paul vor die Füße. Da meinte Paul lachend: „Wollen wir wohl Ball spielen?" „Der Ball gehört doch zum Turnen und stärkt den Rücken", sagte Franz. „Ach so", meinte Paul, „ich hab schon gedacht, du willst auf dem Ball nach Bayreuth rollen, weil es dort gar so schön war!"

Ein kleines altes Kästchen

Ich stand vor dem Briefkasten und hielt ein weißes Kuvert in der Hand. In dicken großen Buchstaben stand darauf „Einladung". Da ich gerade vom Einkaufen zurückkam, konnte ich es kaum erwarten, den Brief zu öffnen. Vor mir lag ein schönes Bild von unserer St. Peter-Kirche und dazu ein Schreiben. „Anlässlich unseres 70. Geburtstags laden wir Dich zu unserem Schülertreffen ein. Ich dachte an viele, die ich gut kannte und freute mich auf das Treffen. Der Fernsehapparat lief, doch ich sah nichts, was am Bildschirm vorging. Müde ging ich dann in mein Bett, wo ich lange nicht einschlafen konnte. Im Traum stand ich auf und ging mit einer Taschenlampe in den Garten. Dort war es stockfinster, durch den Schein der Lampe bewegten sich die Bäume ein wenig, es war unheimlich. Am Himmel sah ich einige Sterne und die Sichel des Mondes. In den Büschen raschelte es, Tiere wurden wohl vom Schein der Taschenlampe aufgeweckt. Ich ging wie von einer Hand geleitet zu einer Stelle im Garten. In der linken Hand hielt ich meine Taschenlampe und in der rechten Hand eine kleine Schaufel. Ich wusste wohl genau, was ich wollte. Ich schaufelte ein Loch in den Rasen und stieß auf etwas hartes. Dann hob ich mit beiden Händen ein kleines altes Kästchen aus der Erde. Die Taschenlampe lag neben mir am Boden und die dunklen Baumwipfel neigten sich zu mir herab. Ich hatte aber keine Angst und machte vorsichtig den Deckel des Kästchens auf. Da lagen sauber gefaltet lauter kleine Papierstücke. Im Schein der Lampe wollte ich lesen, was darauf stand. Ich faltete das erste auseinander, es war leer. Dann das zweite und danach alle, doch sie waren leer. Die Stücke, die am Boden des Kästchens lagen, waren ein wenig vergilbt. Dann wachte ich auf.
Ich brauchte lange, bis ich mich von dem Traum lösen konnte. Nach einer kalten Dusche stand ich wieder fest auf dem Boden

der Wirklichkeit. Dann lachte ich. „Was soll's`?", dachte ich, „es war doch nur ein Traum." Fröhlich machte ich mich zurecht und ging zur St. Peter-Kirche, wo schon viele Frauen und Männer warteten. Alle waren mir gut bekannt und es gab ein freudiges Händeschütteln. Nach einem wunderschönen Gottesdienst gingen wir gemeinsam aus der Kirche. Die herrlichen Lieder, die der Eibel-Chor gesungen hatte, klangen noch lange in mir nach. Nach einen Gruppenbild besuchten wir den Friedhof, wehmütig stand ich vor dem Grab meines Lebensgefährten. Dabei dachte ich daran, wie schön es doch vor zehn Jahren war, als er noch neben mir ging.

Im Musl-Saal trafen wir dann nacheinander ein. Dort saß schon ein Musiker und spielte. Es waren lauter lustige Gesichter zu sehen und diejenigen, die sich besonders gut kannten, setzten sich zueinander. Neben mir saß Karl, den kannte ich am besten. Wir waren beide im gleichen Verein aktiv. Auch kannte ich seine Resl gut – und seine beiden Kinder hatte ich mit aufwachsen sehen. Nun war er schon stolzer Großvater und all seine Liebe galt seinen Enkeln. Neben mir links saß der Ferdinand. Ich kannte ihn nur vom Sehen und außer einem „Grüß Gott" hatten wir noch nicht viel miteinander geredet. Heute lernte ich durch seine Erzählungen seine ganze Familie kennen. Er redete viel vom Wald und der Natur, damit waren wir auf einer Wellenlänge. Dann kam Luise an unseren Tisch, mit ihr wohnte ich einst sechs Jahre in einem Haus zusammen. Als Kind hatte ich sie immer um ihren schönen schwarzen Lockenkopf beneidet. Sie war noch immer ein lieber Mensch, so wie sie es schon als Kind war. Wir plauderten viel miteinander. Ernst, der mit mir in einem anderen Haus zusammen gewohnt hatte, kam zuerst zu Luise und dann zu mir. Er wohnte nun in Regensburg und er hatte auch viel zu erzählen. Nach einigen Geschichten von früher ging Ernst zu einem anderen Tisch.

Da kam Willi, er war derjenige, der mich eingeladen hatte. Mit ihm wohnte ich in meiner Kindheit in einem Haus. „Es ist so schön", sagte ich zu ihm, „dass ich heute dabei sein darf." Bei ihm war Helmut, der wohnte einst in derselben Straße wie Willi

und ich. Wir haben viel zusammen gespielt. Helmut neckte mich und sagte: „Und schon wieder hat sie eine Hose an. Weißt du noch? Du warst damals das einzige Mädchen, das Hosen trug und mit uns Buben alles mitmachte." „Ja Helmut", erwiderte ich, „ihr wart vier Buben in meinem Alter, der Willi, der Horst, der German und du, da musste ich mich als Mädchen schon anstrengen." „Und das fiel dir nicht schwer", sagte Helmut lachend. „Weißt du noch, als wir alle im Raabhof mit Schussern gespielt haben? Du warst so geschickt und brachtest alle Schusser in das Loch." „Und dann gab es für zehn Schusser nur einen Pfennig", sagte ich zu ihm. „Ich musste lange spielen, dass ich zehn Pfennig zusammen hatte. Dann war das immer das Schönste bei der Schlosser-Mutter. Ich holte bei ihrem Eiswagen immer für zehn Pfennig ein großes Eis. Das hat damals viel besser als das heutige geschmeckt. Und gut geschmeckt haben auch die fast schwarzen Kirschen im Elterngarten von Horst. Wir aßen, bis wir nicht mehr konnten und unser Mund schwarz gefärbt war. Helmut, kannst du dich an dein damaliges Hobby erinnern?" „Und was war das?", fragte er mich. „Du bist auf der Treppe gesessen vor euerer Wohnung, um dich herum waren Schuhe, viele Schuhe. Mit einer Bürste bewaffnet hast du immer laut gesungen: „Ich bin der Stiefelputzer-Kare und hob ein Schatzerl, des heißt Mare." Alle am Tisch haben wir dann herzhaft gelacht. Da sagte Helmut zu mir: „Weißt du noch, als wir uns im Winter mit den Schlittschuhen an die Pferdefuhrwerke hängten und uns durch die halbe Stadt ziehen ließen? Das war ein Spaß. Wir hatten damals alle nicht viel und doch war es wunderschön. In unserem Raabhof trafen sich alle Kinder und wir spielten, waren glücklich und zufrieden. Sind das die Kinder von heute auch?"
„Weiß du noch", hieß es immer wieder, als ich von Tisch zu Tisch ging. Alle schwelgten in der armen aber schönen Jugendzeit. Dann erzählte ein jeder, was heute war. Der eine hatte es weit gebracht, der andere hatte Pech gehabt. Über einige war eine Krankheit gekommen, andere waren nicht mehr da. Da ging ich hinaus in die Garderobe, um ein neues Taschentuch zu holen. Und plötzlich dachte ich an den Traum der letzten Nacht.

Das alte Kästchen und die vielen leeren Papierstücke. Nun waren die Papierstücke nicht mehr leer, sie waren voller Erinnerungen. Einer in der Runde war sogar nach Schweden gezogen und erzählte von dem schönen Land. Ernst wohnte in Regensburg und hatte es zu etwas Großem gebracht. Ferdinand war Leiter in einem großen Amt und hatte ein erfülltes Leben. Karl war nicht ganz gesund, doch freute er sich alle Tage auf das Leben. Luise wohnte in Bärnau und hatte dort viele Freunde. Einige der Anwesenden hatten ein hartes Leben und mussten noch heute daran denken. Viele hatten Partner gefunden, mit denen sie alt werden wollten. Einige waren auseinander gegangen, es waren wohl nicht die richtigen Partner gewesen. Sechzig Schicksale und keines glich dem anderen. Helmut war Fernfahrer gewesen und hatte fast die ganze Welt gesehen. Ich war allein, doch immer zufrieden, habe ich doch zwei liebe Kinder und eine Enkelin. Was wollte ich mehr, als gesund zu bleiben und lange noch da zu sein. Ich dachte wieder an den Traum. Am Morgen waren alle Briefstücke leer. Ich wusste da noch nicht, was im Leben meiner Freunde alles geschehen war. Doch jetzt, nachdem ich von vielen Seiten vom Leben nach der Schulzeit gehört hatte, gingen mir die Augen auf. Jedes kleine Papierstück war ein Leben. Das alte Kästchen war nun voll mit schönen Erinnerungen.

Ich betrat den Saal und sah in viele zufriedene Augen. Ich setzte mich auf meinen Platz, wobei mir Ferdinand zuprostete. Ich trank einen Schluck und sagte dann zu ihm: „Ein Prost auf das Leben, auf unsere Kindheit und unsere Jugend. Ein Prost auf das Heute, wir wollen dankbar sein, dass wir da sein dürfen. Wir haben einen so schönen Wald, in dem wir immer wieder Ruhe finden. Wir haben einen schönen Garten, wo wir alles blühen, wachsen und gedeihen sehen. Und heute halten wir Ernte für alles, was wir in der Jugend gesät haben. Und ich hoffe dass, der Herrgott uns noch lange säen und ernten lässt."

Unser Schutzengel

Gott konnte nicht überall bei uns sein
da sandte er für jeden einen Engel
dieser sollte uns behüten auf jedem Weg
uns auch beschützen auf wackligem Steg!

Uns trösten, wenn wir haben Kummer und Leid
mit uns freuen in der schönsten Zeit
und wenn uns droht eine große Gefahr
er hält uns an der Hand immerdar!

Er weist uns hin, wenn andere leiden
er öffnet unsere Hand, dass wir nicht geh'n vorbei
er führt uns auch im Dunkeln den Weg
wir seh'n wieder Licht und fürchten uns nicht!

Besonders zu der Weihnachtszeit
wo Gott schickt viele Engel auf Erden
da macht unser Schutzengel unsere Herzen weit
das Böse hat keine Macht, es wird Weihnacht werden!

Und wenn wir in einer Kirche steh'n
dann wird es in unseren Herzen so warm
wenn am Tannenbaum wir die Kerzen seh'n
dann sind wir zufrieden, können alles versteh'n!

Darum, danke lieber Schutzengel
bleib bei uns Tag und Nacht
bei dir sind wir sicher geborgen
du kommst ja von Gott
wir vertrauen dir, heute und morgen!

Die Heilige Zeit

Da Dezemba gejt mit vül goutn Heilign oa
die Heilige Barbara is als erste droa
wenn Kirschzweigerl gschnin und bleja bis zu da groußn Nacht
dann houst as Goude bei dir und wos Bejs hout koa Macht!

Da Heilige Franz Xaver woar als Junga scho bereit
er wollt unsan Herrn gehorchn, zu jeder Zeit
dann is er a Missionar worn, wollt vül Leit gwinna
er sogt „Herr, schick mi überall hi, ich wül dir diena!"

Da Bischof Nikolaus wor damals scho a gouda Moa
hout drei Moidla grettat, dass jede heiratn koa
und extra kummt er alle Joahr um Gouts uns zu schenkn
bringt uns am rechtn Weg, des dout der lenkn!

Die Heilige Lucia, dej bringt a Licht
des leichtn soll in unsara Finsternis
des Lejcht brennt Flamma in unsare Herzn
mit ihrem Kranz vulla Lejchtakerzn!

Da Heilige Thomas hülft jedem der an Herrgott niat siat
a er woar a mal sua, doch dann wurd er gführt
er soll uns zur schejnstn Nacht hi geleitn
er wül uns den Weg zum Kripperl voranschreitn!

Dou gabs nu vül Heilige bis zu da Heiligen Nacht
und d Jungfrau Mutta Gottes üba alle wacht
sie bringt uns as Schejnste, as Jesuskind
sie führt uns an de Händ dass jeder es find!

Weihnachtsfreude

Hanni war ein stilles braves Mädchen, sie wohnte mit ihrer Mutter in einem ganz alten Haus in einer großen Stadt. Mutter musste Hanni oft erzählen, wie es war vor einiger Zeit, als alles noch in Ordnung war. Der Vater hatte noch gelebt und gut auf dem Bau verdient. Oft hatte er auch gesagt: „Wenn wir genug gespart haben, dann ziehen wir nach draußen, wo viel Grün ist." Der Unfall hatte allem ein Ende gemacht, nun war sie schon ein paar Jahre mit der Mutter allein. Die Rente war nicht besonders groß und Mutter musste halbtags dazu verdienen. Hanni kam zur Schule und Mutter ging vormittags arbeiten. Wenn Hanni von der Schule nach Hause kam, war Mutter auch da, es ging alles reibungslos.

Hanni hatte nicht weit in die Schule, sie musste zweimal die Straße überqueren. An der ersten Stelle war am Morgen meistens nicht viel Verkehr. Mutter verließ immer als das Haus und Hanni räumte den Tisch ab. Wenn Mutter nach Hause kam. war sie müde und da sollte schon alles in Ordnung sein. Eines Morgens sagte Mutter zu Hanni: „Sie wollen das Haus wegreißen, wir sollen alle raus, es wird neu aufgebaut. Ich hab mich schon umgehört, die Mieten sind überall viel teurer als hier. Ich weiß nicht, was werden wird. Ich hab' solche Angst vor der Zukunft." Hanni schaute die Mutter mit großen Augen an und sagte: „Vielleicht finden wir doch noch etwas passendes!" Mit einem traurigen Blick verließ die Mutter die Wohnung und ging zur Arbeit.

Hanni machte alles wie immer, dann musste sie auch gehen. Der Anorak klemmte ein wenig und da ließ sie ihn einfach offen. Als sie aus dem Haus trat, ging ein sehr starker Wind und sie musste gegen ihn ankämpfen. Sie versuchte den Anorak zu schließen, doch es ging nicht. Sie dachte immer an das, was die Mutter gesagt hatte. Und da kam auch schon der Fußgängerüberweg. Sie sah zur Ampel, sie war noch grün, und Hanni ging auf die andere Seite. Sie zupfte immer noch am Anorak, ein Auto angefahren kam - viel zu schnell. Der Anorak wehte im Wind, Hanni sah nicht viel. Das Auto streifte sie und sie rutschte am Randstein aus. Da lag sie nun ganz benommen, das Auto war weg. Ein Mann eilte zu ihr hin und fragte: „Kannst du aufstehen? Ich helfe dir!" Hanni versuchte es, aber sie konnte nicht. Da hob der Mann sie hoch und trug sie zu seinem Auto. Er legte sie auf die Rückbank und fragte: „Sag mir, was tut dir weh? Ich fahre dich gleich in das nächste Krankenhaus." Die Hose war zerrissen und das Bein blutete ein wenig. Hanni sagte: „Es tut fast nichts weh, danke, dass sie mir helfen." Der Mann schimpfte auf den Autofahrer, der weitergefahren war. Da sagte Hanni zu dem Mann: „Ich hab auch nicht aufgepasst!" Sie waren am Krankenhaus angelangt und einige Helfer brachten Hanni hinein. Der Mann sagte dem Arzt noch einiges und betonte, dass er es eilig hätte.

Nun stand ein Arzt vor Hanni und tastete das Bein und den ganzen Körper ab. „Tut das weh?", fragte er und drückte etwas fester. Ein anderer Arzt war dazugekommen, Hanni schüttelte den Kopf und sagte: „Das Bein tut überhaupt nicht weh." Die Ärzte wechselten einen besorgten Blick und dann wurde sie geröntgt.

Als Hanni versorgt war und im Bett lag, stand ihre Mutter vor ihr und weinte. Hanni tröstete sie: „Ist doch alles nicht so schlimm, es tut fast nicht weh." Die Mutter weinte noch schlimmer und sagte: „Du könntest gelähmt bleiben, es sollte weh tun, das wäre besser." Hanni tröstete die Mutter wieder: „Es wird schon alles gut, ich glaube es fest!" Doris, ihre beste Freundin, kam am nächsten Tag, um sie zu besuchen. Da sagte Hanni ganz still zu ihr: „Ich muss einige Zeit in einen Rollstuhl. Besuchst du mich auch zu Hause?" Doris versprach es und ging heim.

Ein paar Tage später holte sie die Mutter nach Hause. Eine Familie im Haus half mit und sie brachten auch den Rollstuhl nach oben. Und da saß sie nun im Zimmer, das ihr so vertraut war. Aller Mut schwand dahin, sie weinte heftig. Die Mutter streichelte sie, da klingelte es an der Tür. Draußen waren Doris und Kathi, beide hatten Bücher und Zeitungen dabei. Hanni freute sich und blätterte gleich in einer Zeitschrift. Darin sah sie schöne Topflappen zum Basteln. Sie dachte leise, dass sie das versuchen könnte, dann vergeht die Zeit vielleicht besser. Sie fragte die beiden Freundinnen, ob sie ihr nicht bunte Stoffreste bringen könnten.

Schon am nächsten Tag kamen beide wieder und brachten viele bunte Stoffreste mit. Als die beiden Freundinnen gegangen waren, ging Hanni ans Werk und begann zu nähen. Sie war geschickt und bald waren mehrere wunderschöne Topflappen fertig. Sie gab sie Doris und Kathi beim nächsten Mal mit, damit diese sie in der Schule verteilen konnten. „Bis Weihnachten", sagte Hanni, „hat jeder in der Klasse einen."

Bald war die ganze Klasse versorgt und es waren noch acht Tage bis Heiligabend. Da sagte Doris zu allen in der Klasse: „Wollen wir gemeinsam Hanni besuchen und ihr Weihnachtslieder vorsingen? Das wäre doch eine Weihnachtsfreude für Hanni, sie hat sich solche Mühe gemacht." Alle waren einverstanden und sie setzten den Tag vor Heiligabend fest.

Mutter und Hanni waren gerade beim Plätzchenbacken, Hanni half dabei, so gut sie konnte. Da läutete es an der Tür. Draußen stand ein junger Mann und schaute verlegen, als die Mutter die Tür öffnete. „Ich bin Klaus Baumann, ich muss Ihnen etwas sagen. Darf ich bitte hereinkommen?" Die Mutter bot ihm einen Stuhl an und er fing zu reden an. „Nach vielen mühevollen Fragen habe ich sie und ihre Tochter gefunden. Schon seit Tagen stehe ich immer wieder vor der Tür. Bisher bin ich immer wieder gegangen. Heute muss ich alles sagen, ich habe sonst keine Ruhe mehr. Ich bin der Mann, der das kleine Mädchen mit dem Auto gestreift hat, ich hatte es damals so eilig. Als ich zurückfuhr, fand ich niemanden mehr. Ich hatte keinen Mut, zur Polizei zu gehen. Schon seit Tagen kann ich nicht mehr richtig schlafen. Bitte lassen sie mich es alles wieder gut machen." Dann schwieg er und senkte den Kopf. Die Mutter wollte aufspringen und losschreien, doch Hanni hielt ihre Hand ganz fest und sagte: „Ich habe damals auch nicht richtig aufgepasst." Erfreut lächelte er das Mädchen an und sagte: „Was kann ich für euch tun? Ich will zur Polizei gehen und ich habe Geld gespart, sie soll zu einen guten Arzt kommen. Bitte lassen sie mich etwas tun!" Hannis Mutter hatte sich nun wieder beruhigt und sagte: „Tun sie, was sie für richtig halten, Hanni sollte wieder gehen können. Da sagte Hanni: „Ich hab auch einen Wunsch. Das Haus wird abgerissen und wir müssen raus. Haben sie nicht eine billige kleine Wohnung?" „Ich werde mein bestes versuchen. Darf ich wiederkommen? Ich bitte euch von ganzen Herzen." Die Mutter und Hanni nickten und er verließ die Wohnung.

Es kam der Tag vor Heiligenabend. Klaus Baumann wollte gerade mit zwei großen Tüten ins Haus gehen. Da kam eine Schar Kinder daher und sie stürmte vor ihm hinein. Er ging ihnen nach. Vor Hannis Tür läuteten sie und dann gingen sie in die Wohnung. Keiner achtete auf den Mann, der unbemerkt ganz hinten stand. Hanni freute sich, die ganze Klasse zu sehen. Als sich die Kinder für die schönen Topflappen bedankt hatten, fingen sie zu singen an. Als sie keine anderen Weihnachtslieder mehr wussten, sagte Doris: „Singen wir zum Abschluss das Lied vom Nikolaus, da können wir alle Strophen." Als sie an der dritten Strophe angelangt waren, rief ein Junge während des Singens: „Hanni bewegt den kranken Fuß im Takt!" Alle redeten durcheinander: „Hanni komm, beweg den Fuß, du kannst es." Und als sie es ganz langsam tat, riefen alle ganz laut: „Wir haben Weihnachtsfreude gebracht, du wirst wieder gehen können." Die Mutter weinte voller Freude und drückte ihre kleine Tochter immer wieder an sich. Da ging Klaus Baumann durch die Kinderschar auf Hanni zu und gab ihr die vollen Tüten. Der Mutter gab er einen Brief und sagte: „Ich habe in den letzten Tagen alles erledigt. Bitte lesen sie den Brief, es soll mein Weihnachtsgeschenk sein!" Die Mutter öffnete ihn: Da lag ein Mietvertrag für eine Wohnung vor ihr - und auch die Miete war erschwinglich. „Das mit der Kaution habe ich schon erledigt. Und wenn sie umziehen, helfen meine Freunde mit, sie müssen nur „ja" sagen." Die Mutter drückte ihm dankbar die Hand und sagte: „Vielen Dank, dass sie helfen wollen, ich freue mich. Das schönste Weihnachtsgeschenk aber kam vom Himmel, Hanni wird wieder laufen können." Die Kinder hatten die Wohnung verlassen, als Hanni einen Blick in die zwei Tüten warf. Darin waren viele schöne Sachen. Klaus Baumann gab Mutter und Tochter die Hand und sagte; „Ich möchte wieder kommen, darf ich? Beide nickten und er brach auf.

Er ging die Treppe mit großen Schritten hinunter. Er wollte Weihnachtsfreude bringen und war selber beschenkt worden. Er konnte morgen an Heiligenabend seiner kranken Mutter wieder in die Augen sehen. Er wollte kein Geld scheuen und alles dafür machen, dass die kleine Hanni wieder ganz gesund würde. Es war auf einmal alles so leicht, so schön. In seinem Herzen war eine große Freude!

Liebes Christkindl

Liebes Christkindl, i bitt di schej
lou mei Eltern niat asananda gej
ich hob doch alle Zwoa sua gern
wos wird denn dou as mir blos wern!

Dann war dou nu da Nachboarshund
der is in ganzn Dog eigspiert, jede Stund
der wojnt und jammert, des dout mir wej
doch unsa Nachboar lout den niat mit mir gej!

Drüwan in dem Haus wohna vül Kinda
dej hom nix neis oa, sann dej dann minda
ich spül scho mit dene Fußball, mir falln a in Dreck
dou schimpft blos mei Mutta und de ihre schaut weg!

Am End vo da Strouß wohnt a Mutterl, a alts
dej is immer aloj, des dera niat gfallt
kanntn niert d'Nachboarn a weng zu ihr gej
ich bin halt zu kloa, oba des war für sie schej!

Christkindl, dou gebatz sua vül zum sogn
doch ich wül niat allaweil klogn
wenn Weihnachtn brenna d´Kerzn af de Bam
dou mejn doch d´Leit a Herz für andere hom!

An ganz klojna Wunsch hejt i scho für mi
mojnst du kannst man erfülln
her mir imma zou, wenn ich die brauch für mi
des wa scho alles, denn ich hob ja blos di!

A kloane Kapelln

Af an Berg stejt a kloane Kapelln
dej is an Christkindl gweiht
da Weg is sua vül stoanig
den genga a niat vül Leit!

Großmutta sogt zu ihrem Enkel
gej Tonerl, bring me zu da Kapelln
mit'n Großvatta binne imma ganga
der schaut unta af uns, des wird dem gfalln!

Großmutta, heit is doch da Heilige Amd
wojst scho, ich hob sua vül Freind
mir wollten a weng zamma sitzn
des is ganz gwiß niat bejs gmojnt!

Gej Tonerl, woart af Silvesta
dou kinnts machen wos dirts wollts
sa sua gout, bring mi affe
dann bine af di ganz stolz!

Durch d'Nacht sanns ganga
Kapelln leicht vo Weitn scho mit Kerznschein
und drin sann blos a boar Leitl
dej wolln se mit dem Christkindl frein!

„Großmutta", sagt leise as Tonerl
des machma ejza jede Heilige Nacht
as Christkindl is grod zu mir kumma
und hout mir mei Herz afgmacht!

Das schönste Weihnachtsgeschenk

Die Bäume waren überzuckert mit einer wunderschönen Raureifschicht. Die unteren Zweige bogen sich von der Schneelast, die auf ihnen lag. Es war ganz still im Wald, kein Vogel sang. Doch es war immer wieder ein seltsames Summen zu hören, wenn sich ein Ast von der Schneelast befreite. Es war ein kalter Morgen, es war Heiligabend! Der Lindner-Bauer ging mit festen Stiefeln auf dem Weg entlang. Ab und zu blieb er stehen und genoss den Anblick des weißen Waldes. Dabei dachte er leise: „Herrgott, wie ist doch deine Welt so schön. Du aber hast dir eine kalte Zeit ausgesucht, um zu uns Menschen zu kommen." Sein Weg führte ihn zur Schonung, wo die kleinen Bäumchen standen. Vor Wochen schon hatte er mit seinem sechsjährigen Lieserl eine kleine Tanne ausgesucht. Wie war das Mädchen damals herum gesprungen und hatte gelacht, als der Vater meinte: „Lieserl, heuer darfst du unser Weihnachtsbäumchen aussuchen." Lieserl deutete auf eine schöne Tanne, sie hatte eine gute Wahl getroffen. Lieserl durfte ein rotes Schleifchen daran festbinden, damit der Vater es ja wieder finden würde. Der Bauer stand im tiefen Schnee, da sah er das rote Schleifchen, das im Wind wehte. Am Waldrand angekommen sah er zu seinem Dorf mit den verschneiten Häusern. Eben versuchte die Morgensonne, sich durch die Wolken zu drängen. Welch ein Bild - ein tiefes Heimatgefühl erfasste sein Herz.

Als er sein Haus betrat, kam ihm das Lieserl entgegen. „Vater", sagte sie, „hast du auch wirklich mein Bäumchen geholt?" „Aber Lieserl", antwortete der Vater, „sieh doch, dein rotes Schleifchen ist noch daran, ich hab es ganz leicht gefunden. Ich werde das Bäumchen in den Schuppen stellen, damit es auftaut. Gib der Mutter das Tannengrün, sie braucht es." Maria nahm dem Lieserl die Tannenzweige ab und sagte: „Mit dem werde ich den Herrgottswinkel schmücken." Nun waren alle in der Küche und Hans sagte zu Maria: „Jetzt hab ich mir eine Brotzeit verdient." Lieserl saß dicht gedrängt neben dem Vater und sah der Mutter zu, wie sie den getrockneten Kräuterstrauß aus der Vase nahm. „Heute Abend", sagte sie zum Lieserl, „darfst du mit mir die Tiere füttern, die Kräuter, die an Maria Himmelfahrt geweiht wurden, bringen den Tieren Gesundheit." „Oh danke Mutter, das mach ich gern." Sie sah, wie die Mutter das Tannengrün in die Vase gab und ein paar Strohsterne dranhängte. Da fragte der Vater: „Wo ist denn der Hansi? Ich hab' ihn heute noch nicht gesehen." „Der Hansi", sagte die Mutter, „räumt schon seit heute Morgen den Schnee." Kaum hatte sie das ausgesprochen, betrat Hansi, ein sechzehnjähriger Bursch, die Küche. „Das war eine Arbeit, ein paar Freunde und ich haben den ganzen Weg bis zur Kirche geräumt. Jetzt hab ich Hunger und Durst." Lieserl sprang von ihrem Platz auf und setzte sich auf bei ihrem Bruder auf den Schoß. „Oh", sagte sie, „du riechst so gut nach Schnee." Hansi drückte sein kleines Schwesterl fest und sagte: „Und du riechst nach Stall!" Empört antwortete das Lieserl: „Ich war auch schon mit Mutter beim Füttern der Tiere. Und heute Abend bekommt jede Kuh ein Kräutlein. Mutter hat gesagt, das wär' ein alter Brauch an Weihnachten. Hansi, du hast mir auch einmal etwas von einem alten Brauch erzählt, bitte erzähl mir doch die Geschichte wieder. Weißt du, die von dem bösen Bauern, ich hör das doch so gern." „Gut", meinte Hansi, „obwohl ich dir das schon oft erzählt hab', will ich nicht so sein und es nochmal erzählen! Weißt Lieserl, das ist so eine Sache, wenn die Leute in der Mitternachtsmette sind. Da darf man nicht den Stall betreten, denn die Tiere reden in dieser Zeit miteinander. Ein Bauer wollte das aber genau wissen und versteckte sich unter einem Trog. Die Zeit kam, da sprachen zwei Ochsen miteinander. ‚Unser Bauer ist kein guter Mensch, wenn wir nicht schnell genug gehen, schlägt er uns. Plötzlich sagten ein paar Kühe: ‚Das mit dem Futter ist auch nicht gut, wir bekommen nur eine Handvoll davon und sollen satt werden. Doch die Bäuerin ist eine gute Frau. Immer wenn der Bauer fort ist, gibt sie uns reichlich Futter. ‚Ja, ja , bemerkte eine ganz dürre Kuh, ‚der Herrgott wird den Bauern schon einmal bestrafen. Da wartete der Bauer die Zeit ab, kroch unter seinem Trog hervor und schämte sich so, dass er weinte. Er ging gleich zur Futterkammer und gab allen Tieren genug zum Fressen. Er streichelte jedes Tier und bat um Verzeihung. Ja Lieserl, so war das einmal", sagte Hansi. Lieserl hatte andächtig zugehört und ein paar Tränen liefen ihr über die Wangen. Sie sagte: „Unsere Tiere bekommen das beste Futter und heute Abend auch noch Kräuter dazu." Da meinte die Mutter: „Ist schon gut Lieserl, das machen wir beide, doch du gehst nun in dein Bettchen. Du darfst doch das erste Mal mit in die Mette gehen." „Und ich", sagte der Vater, „geh in die gute Stube, stell' das Tannenbäumchen auf und helfe dem Christkind!"

Es war schon finster, als der Hansi das schlaftrunkene Lieserl in die Küche trug. Dort war sie plötzlich hellwach und fragte: „Mutter, hast du die Tiere schon gefüttert?" „Aber nein", sagte die Mutter, „ich hab doch auf dich gewartet." Mit einem „Juhu" sprang das Lieserl zum Tisch, nahm den Kräuterstrauß und die beiden gingen in den Stall. Mit der linken Hand umklammerte sie den getrockneten Strauß und mit der rechten Hand teilte sie die Kräuter gleichmäßig aus. Sie strich jedem Tier über den Kopf und sagte: „Erzählt euch um Mitternacht was Schönes, ich bin in der Christmette." Dann saßen alle gemeinsam beim Abendbrot. Danach zogen sie sich festlich an und schon läutete das Glöckchen. Wie ein Wiesel lief das Lieserl in die gute Stube. Dort stand ihr Tannenbäumchen festlich geschmückt und viele Kerzen leuchteten. Auf einem Tisch lagen reichlich Geschenke. Lieserl ging zum Kripperl und sagte leise zum Jesuskind: „Danke, dass ich heute mit dir das erste Mal in der Kirche deinen Geburtstag feiern darf." Sie schmiegte sich an Mutter und Vater, nahm die Hand vom Hansi und sagte: „Danke für die vielen Geschenke. Darf ich sie morgen früh auspacken? Ich möchte nicht zu spät zur Mette kommen!" Die Mutter streichelte ihr kleines Lieserl und flüsterte leise: „Bleib so, wie du bist, wir werden gleich gehen!"

Hansi drückte dem Lieserl eine Laterne in die Hand und gemeinsam gingen sie in die Nacht hinaus. Der Himmel war sternenklar und der Mond leuchtete auf den schön geräumten Weg. Von allen Seiten kamen Nachbarn, sie begrüßten sich, und ihre Kinder trugen die Laternen voraus. Hansi hielt Lieserls Hand ganz fest, Vater und Mutter gingen dicht hinter ihnen. „Schaut", sagte das Lieserl, „die Kinder tragen alle Laternen, genauso wie ich, da wird sich das Christkindlein gewiss freuen." Die Kirchentür stand weit offen und ein besonderes Licht strahlte ihnen entgegen. Die Orgel spielte ein Weihnachtslied und lud alle in die Kirche ein. Lieserl stand auf der untersten Stufe der Kirche und drehte sich um. Sie sah zu Mutter, Vater und Hansi und mit leuchtenden Augen sagte sie: „Das ist mein schönstes Weihnachtsgeschenk!"

A alts Kircherl

Houch am Berg stejt a kloans Kircherl
des is scho ganz old
dou droum waht da böjhmische Wind
drumm is dou sua kolt!

Im Summa san a boar Burschn kumma
bloß zum Rastn, und oana kunt nimma gej
da Pforra hout sein Fouß vasorgt
mir kumma wieda, mir haltn Wort!

Und ejza is Weihnacht woarn
die allerschejnste Zeit
dou is des kloane Kircherl
vom Schnej ganz eigschneit!

Af oamal herst a Lachn und Redn
Burschn und Moidla steign am Berg
in die Händ trogns Fackln
und in ihre Herzn a gouts Werk!

Da alt Pforra zünd a boar Kerzn oa
oa Bursch spült mit a Gittar
sie danken druam an Christkindl
weil ihnen grod sua woar!

Is des niat a kloans Wunda
und in da Heiligen Nacht
as Christkindl selba hout dej junga Leit
alle zum Berg affe bracht!

Die Hirten

Sie saßen auf dem weiten Feld
nur das Feuer hielt sie warm
sie aßen Brot und tranken Milch
sonst waren sie bitterarm!

Die Schafe drängten sich ganz dicht
an die Hirten, an ihre Herrn
es war schon finstere Nacht um sie her
am Himmel leuchtete das Sternenmeer!

Die Hunde fingen an zu wimmern
ein Raunen kam vom Himmel, vom All
viele weiße Engelgestalten berührten
mit feiner Musik die Hirten all!

Sie verkündeten die frohe Botschaft
geboren ist der Retter, Gottes Sohn
in einem Stall werdet ihr das Kind finden
folgt dem Stern, er führt euch schon!

Eine Macht zwang die Hirten in die Knie
staunend sahen sie Mutter, Vater und das Kind
in einer Krippe, umflutet vom Licht
die Engel sprachen, fürchtet euch nicht!

Gottes Sohn wollte auf die Erde kommen
nur die Armen, nur die Hirten durften ihn seh'n
so würden alle Menschen
seine Güte, seine Liebe besser verstehn!

Der Friedensstern

Es steht ein Stern am Himmelszelt
er leuchtet für die ganze Welt
er leuchtet hell, zeigt allen den Weg
über Wüsten, über Weiden, über jeden Steg!

Der Stern leuchtet für das Christuskind
für Arme, Könige, dass jeder es find'
der Frieden in seinem Herzen wird tragen
für andere wird sein Leuchten versagen!

Damals als das Christkind geboren
und die ganze Menschheit schien verloren
da leuchtete der Stern das erste Mal
heut glitzert er im ganzen All!

Schau am Heiligen Abend in die Nacht
wo nur der Mond am Himmel wacht
da glänzt er nun, der besondere Stern
auf den alle Christen warten so gern!

In den Stuben brennen Kerzen am Tannenbaum
unserem Christuskind zu Ehren
lasst leuchten, brennen, das Licht in den Herzen
es wird die Weihnachtsfreude vermehren!

Das Christuskind ist gekommen, um Frieden zu bringen
auf der ganzen Welt sollen Lieder erklingen
vom Frieden, vom Guten in aller Welt
reicht euch die Hände, unter dem Himmelszelt!